Tous les matins
de l'amour…

« Espaces libres »

Jacques Salomé

Tous les matins de l'amour… ont un soir

Illustrations de
Dominique de Mestral

Albin Michel

Albin Michel
■ *Spiritualités* ■

Collections dirigées
par Jean Mouttapa et Marc de Smedt

© Éditions Albin Michel, S.A., 1997
22, rue Huyghens, 75014 Paris

ISBN : 2-226-10541-7
ISSN : 1147-3762

Préface

Paraître en livre de poche est un
honneur pour un auteur.
C'est aussi un merveilleux cadeau
pour un texte, qui voit son horizon
s'agrandir et se prolonger avec
l'accueil de regards nouveaux.
J'ai tenu à ajouter une petite nouvelle
aux douze qui ont fait l'objet de la
première édition pour accueillir tous
ceux qui entreront dans cet ouvrage
avec au cœur l'émerveillement,
la nostalgie ou l'espoir d'aimer.

Dis, papa, l'amour, c'est quoi ?

Il était une fois une petite fille qui
questionnait ainsi son père.

– Dis, papa, l'amour, c'est quoi ?

– Euh… c'est quelque chose de
merveilleux, à la fois simple et compliqué
tu sais ! C'est une émotion formidable,
précieuse et fragile. C'est comme un
trésor immense, trop riche, que je touche
parfois du bout du cœur, du bout des
yeux ou des doigts, mais auquel je n'ai
pas toujours accès. Ce trésor, je le
pressens, souvent tout proche, accessible,
et, quelquefois, il se dérobe, se cache. Ou
encore c'est lui qui m'envahit, m'habite,
déborde de partout.

– Je comprends pas, papa, c'est quoi,
l'amour ?

– Eh bien, c'est aussi un sentiment.
Mais un vrai sentiment qui dure, pas
une simple émotion qui se contente
de passer en toi, de te traverser et puis
hop ! qui s'en va. Non, c'est quelque

chose de fort. C'est quelque chose que tu sens en toi, et qui te porte vers quelqu'un. Oui, tu as envie d'aller sans arrêt vers ce quelqu'un, celui ou celle que tu aimes. Tu as envie de l'entendre respirer, de le voir te sourire, d'imaginer qu'il te regarde et que ça lui fait du bien, à lui aussi, de te regarder. Ah ! j'oubliais, tu as aussi envie de le toucher, de le caresser et qu'il te caresse aussi. Quand tu as ce sentiment en toi, tu as envie de vivre du bon, tu te sens bien.

Oui, quand tu aimes quelqu'un, le signe qui ne trompe pas, c'est que tu as envie d'être bon, d'être exceptionnel pour lui. Tu as envie de partager le meilleur de toi… et surtout d'inventer des moyens de grandir dans ta propre vie. Tu te sens heureux quoi ! Tu as dû sentir cela parfois en toi ?

– Oui, mais ça ne dure pas et puis ça tombe jamais juste. Moi, j'aimais Antoine et lui, il aimait Céline, et j'étais pas heureuse. C'est quoi, être amoureux alors ?

– Être amoureux, c'est le début de

l'amour, quand on s'est rencontré et qu'il y a un élan, une attirance. Être amoureux, c'est quelque chose qui s'ouvre en toi, là au niveau du cœur, de la poitrine et du ventre, pour laisser entrer tout l'autre.

Parfois, c'est tout doux et, d'autres fois, c'est un raz de marée, une tempête, des tourbillons qui t'empêchent de penser à autre chose au début, tu vois.

– Comment ça au début ?

– Oui, au début de l'amour…

– Alors si l'amour a un début, il a aussi une fin ! Ça veut dire que ça ne dure pas toujours ?

– Si, si, ça peut durer toujours… enfin, si on l'entretient. Si tes sentiments grandissent avec le temps. Si l'autre t'aime aussi très fort. Si on partage beaucoup de choses ensemble. Si…

– Ça fait beaucoup de si pour un seul sentiment ! Alors, si on en aime plusieurs à la fois, comment ça se passe ?

– D'abord, on ne peut pas aimer plusieurs personnes à la fois avec le même amour. Chaque amour est…

– Mais toi, papa, tu aimes maman, tu aimes ta mère, tu m'aimes moi aussi, un peu, et puis tu aimes les films de Woody Allen, tu aimes écrire et tu aimes les…

– Ah! non, attention! Ce n'est pas le même amour! Ce sont des amours différentes.

– Oui, c'est ça, chaque amour est différent. Chaque amour au fond est unique, voilà ce que je voulais te dire. J'ai découvert cela quelques jours avant la naissance de ta petite sœur. Un soir, à table, tes frères et toi, vous vous parliez de l'arrivée de cet enfant. Vous vous disputiez un peu en tenant des propos comme : « Ouais, c'est dégueulasse, on partage déjà l'amour de papa et de maman en quatre et il faudra maintenant le partager en cinq… Il en restera pas lourd pour chacun si cela continue! On est trop dans cette famille, s'il faut aimer tout le monde, on n'aura que des miettes… »

Et je crois vous avoir répondu : « Non, non, cela ne se passe pas comme vous la croyez. Moi, j'ai un amour pour chacun de vous. Je n'ai pas besoin de le partager. L'amour que j'ai pour toi Nathalie, je ne le partage pas ou ne l'enlève pas à Marine, à Bruno ou à Éric. Et l'amour que je vais avoir pour l'enfant à venir... eh bien il est à naître. Je ne sais pas ce qu'il sera et deviendra, il est à inventer entre cet enfant et moi. Entre lui et vous, il y aura peut-être un amour à inventer...

– Mais papa, tu m'embrouilles, tu mélanges tout. L'amour pour les enfants, c'est pas la même chose que l'amour entre un homme et une femme ! D'accord, là, avec les enfants il peut y avoir plusieurs amours. Tu peux aimer tes cinq enfants... Mais pas cinq femmes, quand même !

– Euh, non, oui, enfin ça dépend, tu sais. Certains peuvent, d'autres pas. Je crois quand même qu'il est possible d'aimer plusieurs êtres en même temps. Mais tu as raison, ce sont chaque fois, pour chaque personne, des sentiments différents : passion ou affection, tendresse, amour léger...

– Alors il y a des qualités différentes dans l'amour ?

– Ah! tu es terrible, tu ne laisses rien passer! Ce que je veux dire, c'est que l'éventail des sentiments est multiple, comme les différentes nuances d'une couleur. Prenons la couleur rouge, il y a toute une variété de rouges. Et puis, il y a aussi des amours qui se succèdent à différentes époques de notre vie, qui changent ou qui s'endorment, et d'autres qui sont blessées, qui s'abîment...

– Alors quand l'amour est blessé, qu'il part, ça doit faire mal, très mal même!

– Ce n'est pas l'amour qui fait mal, ni sa disparition, c'est la peur. La peur de ne plus être aimé, de ne plus rien valoir, de rester seul, d'être abandonné, de ne plus savoir aimer...

– J'ai souvent des peurs en moi, alors c'est parce que l'amour a disparu?

– Toi et moi, et d'autres encore ont des tas de peurs, vieilles comme la Terre. Les peurs sont anciennes, mais nous pouvons ne pas les cultiver, ne pas les entretenir en nous...

– On ne peut pas commander aux peurs, moi, j'ai essayé, elles restent là...

– Et moi, je crois surtout que derrière chaque peur, il y a un désir. Chaque fois que tu sais reconnaître le désir qu'il y a derrière une peur, tu deviens plus vivant et donc moins faible, moins bloqué face à tes peurs !

– C'est quoi, papa, le désir ?

– Oh ! là ! là ! Le désir, c'est encore plus difficile à expliquer que l'amour. Le désir… Voyons… le désir, c'est un mouvement, un élan, une envie, oui, quelque chose qui te pousse, qui t'entraîne même vers plus de vie, qui te jette en avant. Qui te fait faire des trucs extraordinaires comme écrire des poèmes, grimper sur l'Himalaya, traverser le Pacifique à la rame, devenir beau, changer des choses dans ta vie, autour de toi. Le désir, c'est le carburant du moteur de la vie. Le désir, c'est ce qui te fait rêver, imaginer, embellir le futur immédiat ou lointain. Le désir, ça donne du goût au présent. Le désir, c'est comme un soleil à l'intérieur.

Sans désir, on ne vit pas, on survit, on végète.

– Alors moi, je dois être très vivante,

car j'ai plein de désirs et même plus
que je ne peux en dire. Ça fourmille
parfois dans ma tête et dans mon
corps, jusqu'aux orteils, tu sais, papa !
J'ai plein de soleils en moi alors ?

– Je le sais que tu es pleine de désirs.
Et j'espère d'ailleurs que tu en prends
soin ! Que tu leur offres souvent des
rêves, que tu les arroses, que tu leur
fais une place dans ta vie... même s'ils
ne se réalisent pas tous !

– Papa, comment on fait alors pour
que l'amour ne meure pas ?

– Je ne sais pas. Là vraiment, je ne sais
pas ! Il y a une part de mystère dans
l'amour qui m'échappe. La seule
explication qui me vienne pour l'instant
est que, si l'amour est quelque chose
de vivant, il a une vie. Que le propre
de la vie, c'est qu'elle évolue, qu'elle
change de qualité, de sens, qu'elle se
découvre à chaque instant. Il faudrait
à mon avis nous apprendre très tôt
que l'amour est quelque chose de
vivant, donc de périssable et qu'il doit
être aimé, entretenu pour qu'il vive le
plus longtemps possible !

– Il faudrait nous apprendre à aimer l'amour alors!

– Oui, en quelque sorte, nous apprendre aussi à nous aimer réellement. Nous apprendre les paysages, les sources, les rivières, les collines et les cheminements de l'amour vers l'autre, celui ou celle qu'on aime. Dans mon propre cas, personne ne m'a jamais appris ni à l'école ni dans ma famille à prendre soin des sentiments qui m'habitent. On m'a laissé croire qu'un amour était éternel, comme ça, de nature... qu'il suffisait d'aimer et d'être aimé, et que tout irait bien. Ça ne s'est pas passé tout à fait comme cela pour moi... je suis tombé dans tous les pièges, dans toutes les erreurs, dans toutes les maladresses.

– Mais comment prendre soin de l'amour que j'ai pour toi et maman, pour Noémie, ma meilleure amie, et pour Nicolas, mon copain?

– D'abord en ne les mélangeant pas, en reconnaissant qu'ils sont différents, que chaque amour est vraiment unique, et puis… et puis… mais là, c'est plus difficile, je cale un peu. Il faut accepter d'entendre en toi l'évolution de tes sentiments, de les écouter, de les respecter… Car il faut que je te dise, il n'y a pas l'Amour avec un grand A. Il n'y a que des amours avec des petits a, des amours humains. Par exemple, il y a l'amour que toi tu peux donner et celui que tu peux recevoir. L'amour que tu as en toi pour quelqu'un, et celui que quelqu'un d'autre peut avoir en lui pour toi, ton amour et le sien peuvent :

• se rencontrer,

• s'agrandir ensemble ;

• s'amplifier,

• se réduire,

• ou parfois même ne jamais se rencontrer…

– Oh ! papa comment je vais m'en sortir ? C'est trop compliqué d'aimer… Moi je veux pas me casser la tête ou le cœur chaque fois que j'aime ! Vous, les adultes, alors c'est pas simple ! Moi je veux de l'amour

18

qui me fasse du bien. Comment je
vais faire ?

– En prenant du temps, le temps de
toute une vie. L'amour ça vaut le coup
de mettre une vie entière à le chercher
en soi, à le vivre bien et alors peut-
être, avec l'âge, on peut aimer
davantage et souffrir moins.

– Moi je ne veux pas attendre d'être
âgée pour bien aimer, je veux tout de
suite…

L'enfant bâilla, se frotta les yeux, eut
le temps de dire : « Papa, tu viendras
m'embrasser avant de t'endormir ? »
Ainsi se termina, ce jour-là, cet
échange labyrinthique sur la difficulté
à dire ce qu'est l'amour. Le père,
épuisé, resta songeur une grande
partie de la nuit.

Les années passèrent. Il y eut avec sa
fille et ses autres enfants bien d'autres
échanges, des discussions tous azimuts
sur l'amour, la vie, la fidélité, le désir,
le plaisir. Sa petite fille grandit, aima,
et un jour fut mère à son tour d'une
fille qu'elle appela Aurore. Des années

plus tard, Aurore, à son tour, demanda à sa mère : « Maman, l'amour, c'est quoi ? » Celle-ci eut un mouvement de surprise. Se revit soudain toute petite posant la même question à son père, c'était hier ! Déjà, pensa-t-elle. Elle se sourit à elle-même puis se lança courageusement dans l'échange.

– L'amour pour moi, c'est une chaleur intérieure, une énergie de vie, une lumière…

– Ah ! bon, je croyais que c'était s'embrasser beaucoup !

– Oui, c'est être bien ensemble. Cela peut se traduire par s'embrasser beaucoup, mais c'est plus que cela… L'enfant ne lui laissa pas terminer sa phrase. « Dis, tu l'aimes encore papa ? »

La mère redoutait un peu cette question, mais elle ne voulut pas se dérober. « Comment te dire, je n'ai pas le même amour pour mon… mari que lors de notre première rencontre. C'est vrai, mon amour pour lui a changé avec les années. » L'amour, pour moi, est vivant, il naît, il vit et se transforme. Il est un peu comme les saisons. Ton père et moi nous avons vécu le printemps de l'amour, puis son été, porteur de fruits, vous les enfants. Aujourd'hui, moi je me sens un peu dans l'automne de l'amour. C'est comme cela…

– C'est quoi encore l'amour, maman ?

– C'est un bel oiseau près de moi posé. J'essaie de le toucher, de le caresser, mais il s'envole toujours. Plusieurs fois je me suis approchée. J'ai même essayé de le capturer, mais il s'envole chaque fois. J'ai découvert son nom il y a peu de temps, il porte un nom composé, il s'appelle LIBERTÉ mais aussi RESPECT, et pour voler à ses côtés, il me faut moi aussi devenir oiseau. L'enfant souriait, elle dit encore :

– Parle-moi de l'oiseau amour, maman, parle-moi de l'amour oiseau.

– L'amour, c'est un prénom du mois d'août, c'est une recherche, une quête, un pays…

– Raconte-moi une histoire d'amour, maman !

Alors la mère la regarda longuement puis commença lentement : « Il était un grand nombre de fois un homme qui aimait une femme. Il était un grand nombre de fois une femme qui aimait un homme. Il était un grand nombre de fois un homme qui aimait une femme qui aimait celle ou celui qui ne l'aimait pas. Il était une seule fois, une seule fois peut-être un homme et une femme qui s'aimaient. » Cette histoire, je ne l'ai pas inventée, c'est un grand poète, Robert Desnos, qui l'a inventée pour moi. »

La petite fille resta silencieuse, puis dit : « Maman, j'ai faim, on mange bientôt ? »

Et des années plus tard, bien plus tard, un petit garçon dit à cette même ex-petite fille devenue mère à son tour : « Tu sais maman, moi je sais la couleur de l'amour… c'est bleu comme le soleil. »

Tous les matins de l'amour
ont une aube étincelante,
plus lumineuse que le jour
qui s'annonce.
Puis arrive le soir des amours
en ses nuits
éphémères.

J'écris pour libérer les rêves
des entraves
de la réalité
J'écris pour prolonger
la vie secrète
des silences
J'écris pour amplifier
les murmures
et les cris
J'écris pour vous
toutes
mes amours enfuies.

« J'ai cet âge éternel de la première fois de l'amour. »

Christian Bobin

Marion

Il avait déjà sept ans, quand il aima,
lui sembla-t-il, pour la première fois.
Du moins crut-il reconnaître en lui
cette faim et cette fièvre ardente
qui vrillaient tout son corps
dans la direction de Marion,
vers l'orient de son visage.
Où qu'elle fût dans l'espace proche ou
plus lointain, son dos soudain aimanté
faisait pivoter ses talons, sa tête ou son
ventre à l'appel irrépressible de l'aimée.
Elle était en lui tel un aimant vers qui
s'égarait la raison de tous ses sens.
Qu'elle fût le plus souvent inaccessible
ne le privait de rien puisqu'elle
emplissait ses rêves et son présent.
Chaque clairière de ses pensées,
chacune de ses respirations, chacun
de ses mouvements se transformait
en un élan, un hommage absolu
tourné vers la petite fille qui un jour
lui avait souri chez le boulanger.
Elle lui avait offert le premier sourire

qu'il avait jamais reçu. Était-ce l'odeur
du pain chaud que les adultes dans
leur aveuglement nommaient pain
frais qui l'avait soudain attiré ? Est-ce
la douceur moitée de ce lieu qui avait
adouci son cœur et éveillé ses sens ?
Il s'était avancé de trois pas vers elle,
comme pour la saisir à pleines mains.
Marion, pudiquement, détourna
les yeux, fixa un coin du magasin.
Pourtant il percevait bien qu'elle
continuait de le voir, attentive
à sa proximité frémissante.
Il sentait son ventre trembler
et ses yeux se remplir d'eau.
Il effleura doucement avec le dos
de sa main la hanche toute proche,
et le soyeux de la jupe de Marion
l'émerveilla. De ce frôlement furtif
mais si précis fusa sa foi en elle.
C'est ainsi que Jean devint l'heureux
dépositaire d'un amour immense,
coloré, chatoyant et joyeusement
intense. Une force d'amour l'habitait
qui se croyait non seulement infinie
mais éternelle.

« Je t'aimerai plus loin que la faim

(il voulait dire la fin) *du monde »*
mentionnait le billet qu'il déposa un
soir de mai sous une pierre marquée
Marion, au pied du vieux perron, tout
près de la poupée oubliée avec laquelle
jouait habituellement la petite fille qui
occupait maintenant chaque parcelle
de son corps.

Elle aima, goûta, apprécia pendant
au moins six mois l'amour
inconditionnel que lui portait
cet enfant, mais qui se dictait avec

une rigueur trop grande pour pouvoir l'aimer, lui.

Elle avait déjà dix ans et demi et un cousin éphémère mais néanmoins obstiné peuplait ses pensées du soir, depuis les dernières vacances de Pâques.

A quelque temps de là, Jean fut aimé à son tour, d'une qu'il n'aima pas. Un de ces jours qui ne se détachait pas totalement de la nuit, un jour de novembre pluvieux, languide et opaque, il reçut de celle qu'il n'aimait pas l'offrande unique d'un « *Je t'aime tu sais. Je t'aime plus fort que tout* », qu'il considéra comme inconfortable, indiscret et pour tout dire mal venu dans sa vie d'amoureux d'une autre. Lui qui ne savait pas encore ce que c'était d'être aimé, dédaigna cet élan et continua de chérir fidèlement Marion avec la liberté et la volupté qu'insuffle l'amour désintéressé. Il avait la sensation apaisée de recevoir ainsi, à chaque instant, un cadeau immensément précieux, celui de se savoir aimant.

Il se sentait si plein encore de ce
regard, qu'une petite fille avait un jour
déposé en lui dans une boulangerie !
Son ventre frémit longtemps à la seule
évocation et au seul souvenir de la
jupe qu'elle portait ce jour-là.
Il grandit ainsi dans la douleur douce
et la tristesse suave d'une absence si
proche et si pleine, dans le levain d'une
présence qui devait l'ignorer à jamais.
Les parents de Marion déménagèrent
quatre ans plus tard. C'était au mois
de mai et Jean, sans pleurer, brisa son
cœur pour plusieurs années.
Mais son corps habile lui rappelait,
par des rhumes tenaces, l'existence
violente de cette blessure cachée.

- -

L'amour n'est pas une réponse
mais un appel.
Être appelés à aimer
quand nous sommes trop
souvent des appelants,
des demandeurs,
des quémandeurs d'amour.

- -

Rien ne remplacera jamais
la souffrance d'aimer, pas même
celle d'être aimé.

Jeanne

Avec Jeanne, il n'avait jamais su s'il aimait « *vraiment* » c'est-à-dire pour de vrai, comme disent les enfants.
En tout cas, il n'avait jamais osé s'aventurer à le lui avouer.
Il aurait eu le sentiment de commettre une infidélité.
Il n'avait pu reconnaître en lui ses propres sentiments. Aussi toutes ses énergies, toutes ses attentions étaient-elles orientées non pas vers Jeanne, mais focalisées sur un point secret qu'il situait dans un coin inaccessible de son cœur à elle.
Toute l'écoute de Jean était centrée sur la seule tentative de vérifier si elle l'aimait, elle.
Toute sa sagacité de jeune adulte était réquisitionnée pour en deviner les signes, les manifestations, les preuves.

Un observateur averti et proche n'aurait pas manqué de noter,

d'apprécier ou de s'étonner de toutes
les marques d'intérêt et d'authentiques
attentions que Jean n'en finissait pas
de manifester en direction de Jeanne.
Il n'aurait rien entendu cependant
de l'ingénieuse habileté de cet homme
à s'installer dans la souffrance,
dans le désarroi, l'étonnement
et la détresse de souffrir ainsi
imbécilement, stupidement,
obsessionnellement, dans l'attente
désespérée de la moindre marque
d'attention spontanée, d'un infime
signe d'amour gratuit en provenance
de cette femme qu'il croyait aimer.

« Quand tu prends le temps, ô quand tu
prends lentement, si lentement, le temps
de m'accueillir et quand je prends le
risque de me laisser recevoir par toi sans
vouloir te redonner tout de suite.
Quand j'entre dans le doucement,
quand j'erre dans l'enchantement
et la volupté de me laisser ravir. »

Tout cet espoir fou, toutes ces heures
passées à se raconter sans défaillir

l'incertaine probabilité des possibles
de vivre une scène qu'il polissait,
réajustait, polissait à nouveau
dès qu'il était en sa présence.

« Si elle m'aimait elle se jetterait
sur moi, câline, abandonnée, émue.
Elle me chuchoterait :
"Jean, Jean mon amour, mon tout
tendre, ma vivance."
Elle m'appellerait au téléphone le jour,
la nuit, à deux heures, à quatre heures
du matin.

"J'ai envie de toi, j'ai tellement envie
de toi. Je suis impatiente, viens vite
mon aimé."
Elle s'ouvrirait ardente, chaude,
impudique, suppliante :
"Viens, viens, mon amour, entre en moi
mon amant." »

Ah ! s'enivrer de mots ! Sculpter des
images jamais exprimées mais
seulement inventées, imaginées,
ciselées dans toutes leurs inflexions,
détail après détail. Scènes fantastiques,

colorées, pourléchées dans toutes
leurs déclinaisons amoureuses.

Il bénirait et savourerait à pleine vie ce
bonheur d'être appelé *mon doux* et
d'entrer dans l'offrande d'elle aux
petits matins étonnés. Quand tout
son corps l'inviterait, l'appellerait et
s'ouvrirait à ses émois…

Jean visualisait sans se lasser les scénarios
possibles du film de leur non-rencontre.
Il s'acharnait à inventer une relation
idéalisée, pour ne pas affronter
la pauvreté des échanges réels, pour
ne pas rencontrer la vacuité de son
impuissance. Ne pas se dégriser
au froid, au tiède ou au gris de la banale
réalité. Ne pas se laisser dévaster,
amoindrir, meurtrir par la maladresse,
les balourdises, l'insuffisance sincère et
désolante ou terrible du questionnement
aseptisé de Jeanne.

Ces mots morts maintes fois
prononcés en guise de retrouvailles.

*« Ça va, tu vas bien, tu as passé une
bonne semaine ?*

*Tu crois qu'il fera beau, qu'on aura un
peu de soleil… ? »*

Pour survivre, pour colmater le vide
du désir de l'autre, Jean se sentait le
devoir, du moins le croyait-il, de créer
des échanges, des rires et des abandons
avec des petits riens.

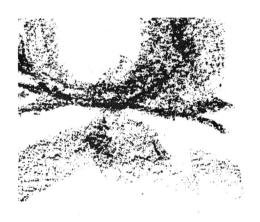

Il s'employait et s'activait à nourrir
tous les désirs les plus insignifiants,
ceux qui traversaient son existence
sans laisser ni trace ni souvenir.
Sans éveiller la moindre étincelle de vie.

Pathétiquement avec Jeanne, il tentait
de remplir sa propre faille non pas
avec un désir sien mais avec le désir
lancinant du désir qu'elle aurait dû
avoir pour lui.

Malentendu terrifiant, chaotique,
sans issue, tromperie ultime qu'il se
chargea d'entretenir sans contrepartie
tout au long de leur relation.

Ainsi durant le temps de la rencontre
avec Jeanne, tout l'ineffable de sa
présence, toute la chaleur de la
proximité, toutes les caresses
amorcées, tout fut gâché par
l'espérance avide qu'elle lui
chuchoterait enfin :

*« Je t'aime, tu es essentiel, unique pour
moi. J'ai tant besoin de toi… »*

Et tout au fond de lui, une source
inépuisable, une certitude éblouissante
et limpide d'évidences n'en finissait
pas de gémir :

*« Elle ne peut pas m'aimer c'est sûr.
Comment d'ailleurs, pourrait-elle
m'aimer si elle me connaissait
vraiment ? »*

Comment le désir d'un homme peut-
il être si désespéré, si plein de détresse,
sans issue sur le rêve de l'autre ?
Comment le besoin d'être aimé
peut-il se fourvoyer à ce point ?
Comment peut-il se dénaturer ainsi dans
les dédales de l'iniquité et de l'inanité ?
Comment l'acharnement pour créer
l'invivable peut-il perdurer avec autant
de ténacité et de passion ?
Se peut-il que les possibles de l'amour
se méprennent d'autant de leurres ?
Qu'ils se laissent corrompre
et dépraver de la sorte ?
Faut-il que les fondements de la
capacité d'aimer soient si instables
pour avoir atteint aussi profondément
sa propre estime et permis que les
craintes, les doutes, les dévalorisations
et les disqualifications triomphent
avec une telle habileté sur le pouvoir
de l'amour ?

Ainsi s'écoulèrent les cinq années de
cet amour tellement espéré,
si violemment renié, tant attendu,
si souvent anticipé.

Amour impossible, construit et
reconstruit plus de dix mille fois dans
l'imaginaire de Jean pour saccager
l'abandon possible des rencontres.
Dans des lettres silencieuses,
il la suppliait.
« Mon amour sois bonne avec moi,
appelle-moi souvent, bientôt, toujours
pour me dire je t'aime au plus profond,
au plus tendre, au plus joyeux de moi,
au plus secret de toi.
Je t'aime en avenir aux couleurs
du présent.
C'est bien toi qui m'as lu un jour ce
passage d'un livre : "Ce n'est pas à un
visage que l'on fait l'amour c'est
à la lumière de ce visage."
L'amour avec toi tel un voyage inépuisé… »

Un jour elle ne vint pas au rendez-vous.
Le lendemain il recevait la lettre.
Il attendit huit jours pour l'ouvrir.
Curieusement il trouva un apaisement
dans les mots. Ils le lavaient de toutes
ses attentes.
« C'est fini, j'en aime un autre. Oublie-
moi, c'est mieux pour nous. »

Elle lui dictait lapidairement, par ces quelques lignes, le comportement qu'elle attendait de lui.

Et ce fut pour Jean la première demande qu'elle lui adressa jamais durant tout le temps de leur relation. Elle lui envoyait l'injonction de l'oublier.

Avec cette discipline qui impose parfois à l'amour le besoin d'être approuvé, il s'exécuta sur-le-champ. Il l'oublia le jour même.

Elle avait enfin répondu à ses vœux en lui demandant quelque chose... qu'il pouvait se permettre de lui donner sans retenue, sans rien attendre en retour, lui qui n'avait fait que lui demander, exiger et attendre.

Aimer souffrir procure un plaisir d'une violence et d'une douceur si lancinantes, si abondantes, si jouissives parfois qu'il est difficile de s'en sevrer !

« Ce que l'amour a de plus doux, ce
sont ses violences. »

Hadewijch d'Anvers

Magda

Dans une autre vie elle fut
certainement une prêtresse ou mieux
encore une déesse de l'amour.
Avec elle, Jean découvrit l'énergie
créatrice, l'être en amour.
Le feu souverain du désir entretenu
par la beauté de gestes simples, la
brûlure des regards, les caresses du
vent et l'offrande du temps comme
aux soirs des fêtes.
Ce n'était plus son visage, sa poitrine
ou l'ardance de son ventre qui
séduisait Jean, c'était la magie des
intentions, la subtilité des élans reçus
et donnés, l'accord et la vibration
parfaite des mouvements.
Chaque déplacement de Magda
devenait un rituel qui ouvrait soudain
sur un espace de plaisir insoupçonné,
rare de perfection, précieux dans son
unicité.

Elle chuchotait :
« *Si tu m'aimes, je deviens le reflet*
de la beauté de ton amour. Je suis alors,
dans l'éternité d'un instant,
exceptionnellement belle. J'entre dans
la démesure de ton amour.
Je deviens unique
incomparable. »

Lui – « *Avec toi j'entretiens cette part*
d'absolu dont chacun d'entre nous est
porteur. J'entre sans me brûler, plus
profond dans l'incandescence du volcan
de mon corps. Je me sens diamant ciselé
par ta lumière. »
Elle – « *En aimant, en étant*
aimée de toi, je crée, nous créons de
l'impérissable, au noyau du bonheur. »
Lui – « *Dans le vent fou de ton appel,*
je t'ai vue magnifique,
auréolée d'espace... »
Elle – « *Je ne réduirai jamais mon*
amour à des peurs. Je ne le limiterai pas
à des désirs, à des attentes.
Je ne l'enfermerai pas dans une relation
de partages parcimonieux ou de
prudentes quotidiennetés ordinaires. »

Lui – « *Auprès de toi je suis entré dans*
un mystère.
Des émotions sauvageonnes ont pris
possession de mon être. Des sens
nouveaux ont surgi sous ma peau,
des lumières sous mes paupières,
des goûts inconnus à mes lèvres,
et une chair vivante, charnelle
s'est incarnée jusque dans mes pensées
mêmes.
J'ai su que je ne voulais pas amoindrir
mon amour ou ramener ma passion
à mes seuls sentiments. »
Elle – « *Mon amour pour toi est*
une porte ouverte dans le firmament,
une béance dans le bleu du ciel.
J'ai été désarmée, déstabilisée,
le jour où tu m'as appelée ma désirante.
Un flux impérieux, un flot de désirs
violents, imprévisibles sont montés,
ont jailli. Je sentais mes cuisses vibrer
aux rires de mon sexe. J'ai ruisselé
dans l'abandon de toutes mes retenues.
Femme fontaine libérée par les
vibrations lointaines, si anciennes,
bienfaisantes, douces et émouvantes
de mon ventre.

Seul l'amour réalisé, au sens d'éveillé,
délivre des vicissitudes du sentiment
amoureux et sait nous rassembler, nous
unifier et nous propulser jusqu'au cœur
de la vie.
J'ai traversé des années de solitude et
d'enfermement seule ou à deux avant de
rencontrer l'amour, non pas chez toi
mais en moi. Dès la première rencontre
j'ai compris que nous allions vers un
accomplissement.
Que nous allions créer, engendrer
de l'amour. Oui, oui donner la vie
à de l'amour comme on donne la vie
à un enfant. »

Par la suite, toute leur relation se
déroula comme les premiers temps
d'une seule et unique rencontre. Elle
s'écoula en des jours bénis de félicité.
Elle garda la fraîcheur, la spontanéité,
l'éclat et la vivacité des premières
amours, quand les amants
méconnaissent encore le devoir,
la dette et la possessivité. Quand
l'échange, le don et l'abandon
s'offrent sans contrainte, sans

obligation, sans contrepartie, ni calcul, sans arrière-plan.

Ils se donnaient l'un à l'autre, sans que le devenir n'anticipe le présent. Ils éprouvaient tant de plaisirs à se retrouver, à s'embrasser, à ruisseler, à se lécher, à s'enflammer !

Ils s'offraient tant d'élans à surgir chaque fois plus émus l'un vers l'autre, chaque fois plus étonnés l'un de l'autre !

Ils s'émerveillaient sans fin, du miracle renouvelé de leur propre existence.

De tant d'abandons à laisser naître, de tant de désirs à frémir l'un contre l'autre, à gémir l'un dans l'autre, à se lover, à se laver, à se bénir dans les eaux et les rires du plaisir partagé, amplifié.

« Je vis un amour-absolu, certitude inscrite au bleu du ciel, un amour douloureux aussi en ses limites terrestres. Alors je rêve au bonheur de rêver l'avenir, je rêve de te respirer, de faire de mes mains une pluie de caresses, de couvrir ton visage de baisers, de respirer ton corps, de boire ta langue, de te

bercer dans la folie de ma peau. Je rêve
de t'entendre gémir, de te laisser partir
dans le cri du plaisir, attentive à te
suivre pour t'accueillir apaisé.
Homme sable dont la nudité me fait
plus femme chaque fois. J'en garde
précieuses tes odeurs longtemps en moi.
Mon amour, tel un enfant, réclame
encore d'être protégé. J'ai besoin de ta
confiance pour l'élever, car je me sens
encore enfermée dans tant de
maladresses et d'inexpériences.
Quand la vie m'offre ce cadeau d'être
moi, ne te fais pas pressant.
J'ai besoin de l'intense durée de l'instant
pour me réconcilier avec l'éternité... »

Et cependant Jean garda à jamais le
doute fécond d'être aimé avec autant
d'enthousiasme.
Puis il découvrit au détour d'un rêve,
telle une bombe à retardement,
déposée depuis si longtemps
la conviction que Magda finirait bien
un jour par se réveiller... Elle
découvrirait sa méprise, se révolterait
sous la violence de son propre

aveuglement et pourrait ainsi justifier
son départ.

Il craignait au plus sourd de lui la
brisure, la fêlure et l'éclatement du
bonheur sous la pression du trop.
Aucune marque d'amour, aucune
preuve supplémentaire ne semblait
pouvoir user ce doute impitoyable qui
assaillait ses entrailles et le tenaillait
dans les moments les plus inattendus.
En particulier, dans les lieux publics,

surtout dans les restaurants
où ils aimaient se retrouver.
Il scrutait le sourire ou le regard
d'autres couples, il sondait celui
des femmes surtout, dans lequel
il cherchait à lire la moue sceptique,
le froncement de sourcils dubitatif
qui lui confirmerait que tout cela
n'était bien que provisoire !

Que même la main de Magda sur son
bras ou encore son pied nu, glissé sous
la table, à demi caché par la retombée
de la nappe, et posé sur le dur de son
ventre, que même ces réalités-là
n'avaient pour lui d'existence que
dans l'aléatoire, le fugace, le provisoire
d'un instant oublié dédaigneusement
par le temps. Le présage tiré
de ses nombreuses observations,
supputations, conjectures et
interprétations fut vrai. Du moins,
le fut-il quelques mois plus tard.
La funeste prédiction se vérifia.
« Notre relation aura duré le temps des
deux plus belles saisons qui soient, un
printemps et un été… entiers. »

Il garda d'elle un diamant bleu, qui dans la patience de son éclat chaud et plein l'aida à traverser un désert plus long qu'il ne l'avait envisagé.

L'amour est une joie qui cherche sa durée dans le plaisir renouvelé de l'autre.

« On peut coucher avec la terre entière
et cela ne change rien, tant que
le cœur n'est pas atteint, le corps reste
vierge. »

Christian Bobin

Gaëtane

Il la réveillait au mitan de la nuit pour
lui demander plein d'espoir sincère :
« *Tu sais je ne te parlerai plus de lui, je
te le promets mais dis-moi une dernière
fois si c'était lui qui voulait ou toi ?* »
Fausse question, vraies réponses qui
l'apaisaient sur l'instant mais
l'angoissaient et le torturaient
davantage un peu plus tard.
« *Oui, j'avais envie de son envie à lui.
Tellement envie de son envie à lui !
Seulement de son envie si belle. Mais*

c'est fini aujourd'hui. Je ne suis plus la
même femme, c'est loin, cela n'est plus
en moi... Ce n'est pas lui qui m'a
quittée, ni moi, c'est le flux de cette
envie de lui, qui s'est peu à peu tari
dans mes veines et m'a désertée... »
Elle répondait avec une sincérité si
évidente, une simplicité si déroutante,
un naturel si déconcertant qu'il ne
parvenait pas à la croire.
Sa tendance à vouloir devancer
la souffrance pour ne pas se laisser
surprendre par elle était confondue
par cet arrêté rédhibitoire :
« Mon envie m'a désertée... »
qui assenait un coup de grâce à sa
curiosité voyeuse. Il ne pouvait
accepter l'humilité qui lui aurait
permis de s'installer dans le val
douillet de leur intimité.
Il se laissait consumer au feu de l'envie
vindicative qui attirait en lui le seul,
le meilleur, l'unique.
Alors soudain plus pauvre de ce désir
défunt, indomptable, qu'il n'avait
jamais possédé car il avait été offert à
un autre et qui le maintenait

inexorablement en exil, il se morfondait. Il se vivait comme amputé de ces lieux fantômes, de ces temps pourtant révolus, de son histoire à elle qu'il s'était arrogé le droit d'annexer en croyant l'aimer.

Il se sentait, par ses questions et par les réponses de Gaëtane, chaque fois plus dépossédé.

Chaque fois plus dépossédé de toutes les nuits, de tous les jours et de toutes les soirées qu'ils se promettaient et qui au moment de les vivre se dérobaient. Comme si tous ces moments de bonheur, de plaisir, déjà vendangés, n'avaient jamais existé.

Comme si toute leur relation n'avait été qu'un leurre, qu'un appeau permettant à Gaëtane de se sentir suffisamment en sécurité pour réaliser son envie... d'un autre.

Après ces intrusions, dans le passé de Gaëtane, après toutes ces incursions hors du territoire de leur propre relation, après toutes ces compromissions et pactes passés avec

la peur, à l'issue de toutes ces
violations consenties de l'intimité,
tout le bon des possibles à venir se
rétrécissait, se stérilisait, se gâtait
fatalement. A leur insu la corrosion du
non-respect rongeait le germe d'un
futur à inventer. Tous les baisers
se craquelaient. Toutes les étreintes
se relâchaient.
Les corps à corps s'asséchaient.
Les enthousiasmes de leurs élans
s'assoupissaient dans des états
qui tiédissaient.
Chacune des caresses inventées pour
elle seule s'affadissait en gestes
insipides.
Les abandons révélés s'estompaient,
les émois et les troubles partagés
s'effaçaient sur l'ardoise impitoyable
de leurs rencontres improvisées.
Jean était passé maître dans
l'incréation de son ancien monde.
Gommés les élans, inexistée
la tendresse, non née l'aimance.
Laminés les espoirs. Non advenu le
doux chambardement des sens.
Délavées les couleurs des tableaux

lumineux de leurs apartés, de ces
petits moments de complicité
croquante. L'onctueux velouté des
partages tournait avant même d'être
consommé.
Comme s'il ne restait plus rien de
précieux d'une intimité engrangée
de plusieurs mois. Pas la plus petite
lueur, pas la moindre étincelle,
ni la plus petite prise à laquelle se
raccrocher, ni même un petit fil

d'Ariane auquel se relier.

Consterné devant ce désastre, s'ébrouant parfois d'une attaque de panique rageuse qui le tirait de son sommeil, il réveillait Gaëtane, convaincu de la rassurer avec ses serments (serrements!) de cœur et ses effusions de promesses.

« Je ne te quitterai jamais, tu es faite pour moi. Aucune autre femme n'a éveillé en moi de tels désirs, de tels élans. Je veux te garder pour toujours. Je sais que c'est toi, je ne peux me tromper. »
La perspective du « toujours » suscitait en elle quelques inquiétudes, qu'elle parvenait à apaiser d'elle-même.

« Oui, je veux te garder aussi, lui disait-elle en souriant de tristesse. *Attends,* elle dégageait son cou, elle posait une main fraîche sur son ventre avide.
Tu tires sur mes cheveux. Viens, allonge-toi sur moi. »
Elle ouvrait le delta de ses cuisses, l'accueillait, se fondait en lui, le laissait se perdre en elle.

« Oui, oui viens. »
Le sexe de Jean se tendait et vibrait

quand il l'entendait murmurer :

« *Viens – oui, oui viens !* »

Elle riait enfin détendue, apaisée
de se sentir généreuse, si pleine de bon
pour lui.

« *Je te sens, je te sens...*

Je croyais avoir le désir rouillé. Quand
tu me touches la poitrine mes framboises
fleurissent. As-tu remarqué comment
elles font la moue si tu les ignores... »

Ils riaient.

A certains moments, aussi bien de
jour que tard dans la nuit, il percevait
qu'elle l'appelait, le sollicitait à
distance. Non pour une plainte, un
reproche ou une demande. Non, il
devinait, entendait vraiment son
appel, déchiffrait son attente. Il
décrochait alors le téléphone.

« *Je suis là.*

– Je savais que c'était toi,
c'est bon de te savoir. »

Elle ne s'étonnait pas, l'accueillait
comme une évidence bienveillante.
Le merveilleux de leur relation, l'inouï
de cet amour offert et reçu, il en

trouvait en permanence la
confirmation dans la qualité de
présence, d'accueil et de don de soi si
intense, si absolu de Gaëtane.
Tout ce qui venait de lui semblait bon
pour elle.
A aucun moment il ne soupçonna
l'ombre d'un doute, ne sentit le voile
d'un regret, d'un effarement ou d'une
déception chez elle.
Elle l'acceptait si totalement, si
inconditionnellement qu'il se sentait
de plus en plus souvent désarmé.
Soudain inquiet de ne pas se montrer
à la hauteur de son rôle, de susciter
ou de déclencher l'insupportable :
la décevoir, la décourager et peut-être
le pire, du moins le voyait-il ainsi,
la pousser, malgré lui, vers un autre ?
Cette peur, de plus en plus fréquente,
envahissante surgie du fond des nuits
traversées sans elle, le taraudait tel
un acide.
Il éprouvait sans cesse le besoin
de sonder la solidité de l'amour reçu,
la fragilité des sentiments offerts, et
aussi de vérifier la force de son désir,

de tester la vigueur des élans.

« Il m'arrive de pleurer à l'aube. Dans
un ruissellement d'infini. Je deviens
pluie, poignance fine, amarrée au
vertige du temps. Le ventre saisi
d'attente. Puis je deviens terre et je me
réconcilie avec le ciel quand
l'éblouissement de ton rire me traverse
le cœur. »

Gaëtane n'avait rien à perdre, elle.
Elle ne marchandait, ne négociait
aucune de ses rencontres. Elle ne
louvoyait avec aucun compromis ou
concession. Elle cherchait juste à se
déployer, au cœur même et au gré des
limites de l'autre. Mais lui voulait
jeter les filets de son dévolu sur ses
abîmes à elle. Il souhaitait la capter
dans l'inaccessible de sa liberté.
Surtout quand elle lui disait :
« J'aime l'univers libre et sensuel
des femmes.
Dans un magasin de lingerie je n'ai pas
hésité à soulever ma jupe pour montrer
le type de bas que je souhaitais acheter.
La dame m'a parlé d'une nouveauté et a

demandé à sa sœur de me montrer.
Elle aussi a soulevé sa jupe.
Ça j'aime, la pétillance de cette liberté
de femme à femme.
Quant à ma coiffeuse elle a entrouvert
son chemisier pour me montrer l'attache
de son soutien-gorge, sur le devant. Les
globes de ses seins somptueux m'ont
fascinée, j'ai osé demander "Je peux
toucher?" "Bien sûr." Le temps a soupiré
sous mes doigts. La buée d'une émotion
s'est déposée au creux de ma poitrine.
Quelle liberté tu me donnes pour
accueillir ainsi l'arôme d'un instant… »
Cette liberté ce n'est pas lui qui la
donnait, c'est elle qui la prenait avec
une tranquillité inouïe.

Lui avait sans cesse besoin de valider,
de mettre à l'épreuve les indices
et les témoins de la sincérité
de cette femme qui échappait
à tout contrôle, en se donnant avec
une telle générosité. Un diamant
offert à vif peut faire douter
de son authenticité.
Si Gaëtane aimait les hommes, c'était

justement pour leurs blessures, pour
leur fragilité, pour cette part de nuit
inconsolable et de désespoir
inépuisable qui semble toujours
les habiter à fleur de cœur.
Elle connaissait l'art d'enluminer
la peur ardente par l'offrande et
l'abandon de sa chair.
Elle savait débusquer en chacun la
fêlure profonde qui leur inspire
parfois une grâce radieuse
et désespérée.
« Jean, je suis là, viens, je te reçois c'est
bon. C'est tout tendre… »

Le goutte-à-goutte des mots le
comblait parfois sans cependant
jamais l'apaiser totalement.
Quand il entrait enfin dans le plaisir,
son corps se tendait, montait hors de
lui. Il paraissait le dépasser et se perdre
bien au-delà de l'espace où ils étaient
fondus l'un dans l'autre.
« Retiens-moi,
lui criait-il alors,
retiens-moi. »
Elle le retenait sans se laisser

emporter, car elle ne voulait pas se
perdre avec lui.

C'est un cancer qui dans sa fulgurance
lui enleva Gaëtane en quelques mois.
Il fut, pour elle, peut-être l'expression

pathétique de son ultime liberté à ne
pas risquer plus dans cette relation,
qui se révélait trop étroite, si mortifère
dans sa violence cachée.

« Je te quitte parce que je t'aime, car
t'aimant je perds ma liberté. »

Pierre Corneille

« C'est toujours l'amour en nous qui
est blessé, c'est toujours de l'amour
que nous souffrons même quand nous
croyons ne souffrir de rien. »

Christian Bobin

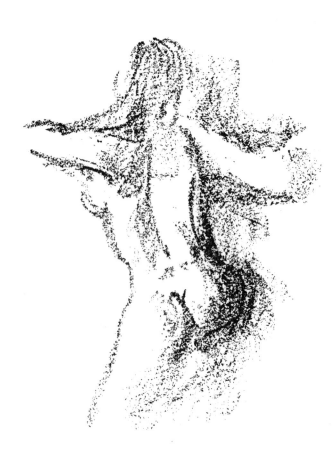

Doris

« Avec toi je suis en escapade de vie.
Quel bonheur que le bonheur du
bonheur quand la complicité des
événements rassemble tant de possibles.
Je crie encore, encore avec l'illusion de
les garder plus proches.
Jamais dans ma vie je n'ai appris si vite
et tant appris de moi.
Comment nommer ce qui ne peut être
défini que par ce qu'il n'est pas ?
Aller à l'essentiel avec une intensité
si légère, si pleine.
Je ne suis pas seulement dans le
sentiment amoureux avec toi mais
dans l'abondance des sentiments.
Je fus longtemps une forteresse glacée,
hantée par l'abandon, l'injustice et la
mort. Hantée seulement.
Je suis devenue une femme
mystérieusement accomplie sous ton
regard, modelée à tes mains, éveillée aux
désirs de ton corps.
Dans le labyrinthe encore obscur de mes

incertitudes, une seule certitude le fil de
mon amour que tu tiens en lui donnant
la vie… »

Elle lui parlait ainsi souvent,
longuement, avec une fougue
passionnée, lui faisant ainsi l'amour
dans le délié des mots.

« Que tu sois présent ou absent
je me sens irriguée, habitée, fécondée
par toi à tout instant,

lui rappelait-elle souvent.

C'est comme ça ! Je me souviens de cette
phrase lue quand j'étais petite :
"Il était entré dans sa vie à dix-neuf ans,
et il n'en sortit plus jamais."
J'ai entendu dans cette expression une
certitude d'éternité dont la magie ne
m'a plus quittée et résonne encore en
moi.

Et quand je t'ai vu ce soir-là, Jean, j'ai
su que c'était toi qui entrais dans ma
vie. Les portes de mon cœur, de mon
corps, de mon esprit étaient largement
ouvertes et même appelantes. J'ai
tout laissé entrer. Toi, ton histoire,
tes enfants, ton travail, tes désirs,
tes passions nombreuses, tout toi.

Sans trier, sans discuter, sans hésiter.
Tout. Tout toi dans ma vie… »
Elle offrait un abandon, une confiance
heureuse qui aurait dû rejoindre au
plus près tout homme qui aurait su la
recevoir.

Mais il y a toujours un inaccessible dans
la rencontre avec l'autre, aussi engagé
soit-il, malgré l'émotion, la jubilation,
le doux de la présence si proche.
« Je me sais unique. Je te sens unique
dans tes baisers, tes caresses, ta voix, tes
regards.
Je me crée en creux dans l'ouverture de
tes bras, de tes cuisses, de tes lèvres.
Je voudrais me laisser absorber et
m'agrandir en même temps, au
généreux de mon sexe quand tu me bois
dans le plein de toi. Quand je te touche,
que tu me touches, la rencontre de nos
gestes devient sacrée dans l'infinie
attention de ne rien prendre,
de ne pas porter atteinte à la vie,
de rester dans le donner. »
Jean s'était laissé aller, cajolé et bercé
par cette sincérité joyeuse, limpide et

vivifiante. Il s'était senti rejoint par cette foi sans faille. Heureux d'être dans l'évidence de l'amour de Doris. Pour la première fois, il se savait aimé inconditionnellement, sans restriction, ni réticence.

Il se sentait désiré sans exigences, sans obstacles.

Au début, il s'était senti amplifié, fortifié, agrandi de l'intérieur.

Ses énergies décuplées, sa créativité stimulée, avec une amplitude de vie, une ardeur jamais épuisée, il s'était laissé engloutir dans l'aimance infinie de Doris. Il acceptait les incantations qui sourçaient de ses propres lèvres.

« Que tu es belle que tu es belle! Regarde comme ton ventre est doux et tes seins lumineux.

Regarde ton sexe scintillant! Non tu ne peux le voir, c'est un honneur qui m'est réservé. Je vais t'apprendre, si tu le veux, tout le beau et le bon de toi. »

Elle riait, se répandait dans les draps, ouvrait toutes ses sources.

Ébahie, effarée elle regardait cette eau qui sourçait longuement,

joyeusement d'elle.

Source inépuisable, jaillissante de
l'entre-mont de ses cuisses.

Et soudain elle pensait à cette toile de
Greuze où la jeune fille étonnée
découvre à ses pieds la cruche cassée,
l'eau répandue.

« Ma cruche est intacte au-dedans de moi, mais dans mon ventre tout se bouscule et prend ainsi sa place... »
Un remue-ménage suave, un arc-en-ciel de couleur, de bien-être s'installait en elle et aussi une présence sensible dans l'immensité de son sexe, proche de la douleur. Une douleur fragile comme un duvet.
« Non ce n'est pas le bon mot, une insécurité plutôt, révélée, qui devient certitude : mon sexe prend enfin toute sa place. Personne ne me l'enlèvera, personne ne me prendra. »
Oui, c'était cela l'insécurité ressentie, vieille peur de petite fille toujours là, tapie au creux de son ventre de femme faite. Cette eau qui coulait lui disait l'éternité de sa position de femme, son bonheur de pouvoir s'accepter et s'aimer.
« C'est pour toi, pour toi, prends tout ! »
Après l'amour parfois, il sanglotait, manquait d'air, suffoquait, revenait à la surface de son corps avec des grands frissons. Il ouvrait les yeux et s'étonnait de la force de son plaisir.

« C'était trop fort, j'allais éclater. Je ne sais pas où tu m'as emporté. J'étais très loin, si loin de moi. J'avais peur de te perdre, pas de m'égarer, de te perdre… »
Plus tard elle lui dira :
« Je sais que tu me perdras, je l'ai toujours su. C'est parce que tu ne sauras pas me garder que tu m'habites au plein de moi, au centre de chaque cellule. Moi je sais que je ne te perdrai pas, malgré tous tes efforts.
Cette nuit comme jamais, j'ai su m'abandonner, m'ouvrir plutôt à cette montée d'énergie, à cet instant miraculeux où le temps et l'espace n'existent plus, où je me sens plus différenciée, où je deviens infinie. Où j'entre enfin dans la lumière de mon amour pour toi. Auprès de toi je commence à me sentir des racines, j'entreprends un long périple sidéral vers ma nature d'étoile.
Quand tu seras parti, tu m'habiteras encore, je n'aurai rien perdu.
J'engrange tous les instants de toi. Je te transforme aussi de l'intérieur. Cette alchimie ne dépend pas de toi, mais de

cette force en moi qui me révèle.
Je ne suis jamais triste ou apeurée
quand nous nous séparons. Je ne perds
rien de ta présence. Mon corps, tous mes
sens, chacun à sa façon, digère et
prolonge chaque caresse, chaque regard,
chaque désir partagé. Je grandis
à chacune de nos rencontres. Tu ne
m'enlèves rien. Tu ne me prives de rien.
Tu m'as appris à recevoir. Quel cadeau,
mon tout tendre, quel cadeau ! »
A la fin de cette année-là, il fut
nommé à l'étranger. Loin. Si loin qu'il
sut en acceptant ce départ sa finitude
d'elle.

Au petit matin, après la cérémonie des
corps, bien après la fête des sens, plus
loin que l'abandon comblé, dans le
silence du plaisir apaisé, elle lui
souriait, des larmes plein les yeux, la
bouche gonflée de désirs.
« Je sais que ce n'est pas un au revoir,
mais un vrai adieu sans retour… »
A l'aéroport, dans le tumulte agité et
bruyant de mille départs, elle sut
encore prendre le temps de créer un
espace protégé d'intimité pour lui

seul. Et de chuchoter les derniers
mots qu'il entendit à jamais d'elle.
« *Merci, merci de m'avoir permis*
d'engranger le plein de toi. Peut-être me
perdras-tu dans les égarements de tes
oublis, peut-être…
moi je te nourris en moi. »

Quelques années plus tard, il reçut ce
court message :
« *Je croyais que je t'aimais à en mourir.*
Parfois noir était le ciel. Rouge ma
colère. Acide ma nostalgie de toi.
Mais j'ai aussi découvert que je pouvais
continuer à t'aimer, à vouloir en vivre.
Vivre si fort, si plein, sans limites au
présent. Dans un espace infini
d'intimité et de souvenirs où je garde
ainsi les bleus de tous les ciels de nos
rencontres réinventées.
Je me sens légère comme une soie et il
m'arrive de danser à nouveau… »

- -

A l'aurore de chaque amour chantent
des crépuscules…

- -

« L'amour que vous donnez à un
caillou provoque l'éveil de l'amour
endormi dans ce caillou, parce que
dans toute chose, il y a de l'amour
endormi, du désir d'échanges, des
élans de gratitude qui n'attendent
que d'être réveillés. »

Henri Gougaud

Julie

« Je ne suis pas tout à vous. Je suis
entièrement à vous, mais pas tout à vous. »
La première fois, il n'entendit pas
clairement pour lui-même ce qu'il
se surprenait à exprimer ainsi.
Quand ses mots lui échappèrent
il sentit ses paroles intensément vraies,
nécessaires à dire.
Il ne cherchait nullement à blesser,
mais seulement à se définir au plus
proche de la vérité intime de ses
besoins profonds. Ces propos
n'avaient rien de provocant,
ils traduisaient plutôt un souci sincère
de précision.
En fait, il aurait voulu lui dire,
plus exactement :
« Vous avez dans sa totalité un aspect
de moi. L'homme que je suis avec vous,
je le suis totalement, pleinement à cet
instant présent. Je ne le suis d'ailleurs
avec personne d'autre, seulement avec
vous, ici et maintenant.

*C'est tout moi, de vous à moi, de moi
à vous.* »
Il se sentait avec Julie d'une tendresse
sans possessivité, d'une tolérance
légère, d'une réceptivité festive
et fantaisiste que n'ébranlaient
ni l'imprévisible ni l'inattendu
dans lesquels Julie se plaisait à
l'entraîner.

Aucun de ses retards ou prises
de positions extrêmes, aucune
de ses humeurs fantasques, aucune
de ses foucades, de ses frasques ou
de ses tocades, ne le décourageait.
Il se laissait aller à boire du vin,
ce qu'il ne faisait jamais, à sortir
au cinéma, à voir des films qu'il
n'aurait jamais découverts sans elle.
Il acceptait de lire des articles
ou des livres qui autrefois échappaient,
pour la plupart, à ses centres
d'intérêt.
Il entrait, avec Julie, dans un univers
parallèle, aux antipodes de tout ce
qu'il avait autrefois connu.
Julie, par exemple, aimait faire

l'amour seulement à sa propre
demande. Elle s'y abandonnait avec
une jouissance si intense, si
émerveillée, qu'il craignait parfois
qu'elle puisse y renoncer.
Mais Julie redoutait le désir de l'autre.
Elle s'en protégeait et se fermait dès
que Jean manifestait une approche,
une intention au-delà de l'attention.

Il était fasciné par la rondeur de ses
seins splendides, mordorés.

Les tétons aigus, irisés, toujours en
éveil semblaient douloureux, craintifs
sous les doigts de Jean.

Pourtant, trop souvent, lui semblait-il,
son sexe se dérobait subtilement,
s'encoquillait, se résorbait jusqu'à se
dissoudre et se perdre, à l'approche de
sa seule main. Il n'osait plus caresser
sa peau de ses mains éperdues
de désirs.

Elle seule s'octroyait la liberté ou le
pouvoir de proposer son désir à la
patience de Jean.

Elle s'enflammait alors soudainement,
avec un enthousiasme fébrile,
passionné. Elle entrait dans une danse
immobile qui débordait l'espace de la
chambre. Sa gorge chantait des
incantations si poignantes qu'elles
immobilisaient le présent, paralysaient
tous les gestes en suspension.

Jean était imprégné du sentiment
diffus qu'il ne pouvait rien lui donner.
Être là, seulement présent à la fête de
ses sens soudain éveillés. Elle cueillait,

elle glanait ou vendangeait pour elle seule les plaisirs de son corps. Puis quand enfin ses lèvres à elle le parcouraient, réveillaient le brasier de son corps, il devait attendre, attendre encore un peu qu'elle éclate. Elle criait, se débattait encore aux rives mouvantes de son plaisir, puis l'étreignait pour l'engloutir en elle. Alors il pouvait enfin entrer dans son propre apaisement. Délivré, seulement délivré par la jouissance de ce corps de femme gonflé des remous et des lames de fond de son propre plaisir.

Ils ne savaient se parler. Leurs mots semblaient fuir aux possibles des mots de l'autre. Il tenta de s'exprimer dans une lettre qu'il n'envoya jamais.

« Je ne puis encore te dire ce que tu deviens pour moi, sinon que je sais combien tu es importante, immense dans ma vie. Soleil, terre, vent, pluie, forêt, musique.
Je te rassemble, te rapproche, te mêle à l'odeur de la terre mouillée,

à un souvenir d'enfant, à la solitude
d'une rue, à l'espérance du soir.
Liberté, patience, emportements, mes
baisers voudraient se précipiter sur
tes lèvres, sur ton cou, tes mains,
tes cheveux, tes oreilles, tes yeux,
ton ventre de soie si douce.
Mes mains vivaces et furieusement
respectueuses, si maladroitement
attentives à tes abandons fragiles se
désespèrent de ne pas savoir te donner.
Mon désir présent qui t'appelle,
le sens-tu ? »

Il retrouva ces lignes bien des années
plus tard, étonné de toute l'espérance
qu'il avait déposée en elle.

Ils se quittèrent au lendemain du jour
où Jean dans son impatience avait
voulu imposer son rythme ou peut-
être seulement la garder plus proche.
Ils se quittèrent éperdus de n'avoir su
se rapprocher au plus intime de leurs
peurs.

L'un et l'autre demeurèrent longtemps
blessés par le malentendu qu'ils
avaient laissé s'introduire dans leur

relation, avant de retrouver une image
plus claire de l'autre.

Quand l'ombre et la lumière
s'interpénètrent sans se dénaturer,
qu'elles ne sont plus qu'une seule
et même réalité.
Quand l'ombre donne
de la profondeur à la lumière.
Quand la lumière donne
de la clarté à l'ombre.

« Tendresse blessée, j'essuie tes
larmes. »

Mario Mercier

Gentiane

Deux ans après leur première
rencontre, délivré de fantômes récents,
délié d'un amour de peur, il put lui
écrire.
« Je sais aujourd'hui le grandissement
de l'amour.
Je réalise que je développe vers toi
toujours plus de passion et
d'enthousiasme qu'avant. "Avant"

désigne bien sûr le début de notre
relation. Tous les amoureux le savent :
"avant" c'est toujours le temps idyllique
de la rencontre où sont convoqués les
rêves de chacun ! »

Cette encoche marquée sur la ligne du
temps, de son histoire intime et
secrète, cette date par laquelle il
célébrait ses anniversaires amoureux
était devenue pour Jean le point de
mesure qui lui permettait les
comparaisons et les rêves.
« Ce que je vis devient immense comme
si le bonheur d'être près de toi me
rendait plus vivant, renouvelait mon
désir et ma joie d'être au monde. Désir
jusque-là si fragile, si ténu, si
périlleusement en attente d'éveil.
Avec toi je m'autorise à jouir et à
témoigner des forces vives qui sourcent
en moi. Je reconnais les mutations qui
me traversent, me labourent et qui me
travaillent au profond, qui m'unifient,
m'ancrent au meilleur de moi.
Je me nourris à la lumière qui m'habite
en ta présence.

*Je me sens dans une ouverture à l'amour
sans complaisance, sans faux-semblant,
dans une sorte d'ascèse nourrie
d'exigences et de tendresses nouvelles
envers moi.*

*Curieusement, sentir cet amour vers toi,
chaud, vivant, vibrant et frémissant
après tant de souffrances et d'errances.*

*Ainsi redevenir entier après tant
de ruptures traversées confirme
intimement le sens de la vie pleine,
ronde, accordée entre certitudes et
incertitudes.*

*Une vie au présent, fenêtrée d'ombres et
de lumières, où l'homme que je suis n'a
plus peur de ses peurs.*

*Au-delà du plaisir, dans l'amour avec
toi je découvre l'incroyable liberté d'être,
toute pudeur levée.*

*Liberté d'être entièrement dans ce que je
ressens, sans me sentir comme il y a si
peu de temps encore, tiraillé entre hier
et demain.*

*Avec toi, j'ai renoncé au futur. J'invente
pas à pas la profonde incertitude de
l'éphémère au présent.*

Quand je risque de gâcher un moment

avec toi, quand je ne suis pas en entier
dans la présence de toi, je reste ensuite
tourmenté par le sentiment amer d'avoir
offensé la vie… »

Ainsi Jean découvrait que la qualité de
la présence ou la teneur de l'absence
de l'autre ne se mesure nullement au
temps, à l'espace ou à la durée, de la
rencontre ou de la séparation mais
bien au dépôt sédimentaire, à la trace
immatérielle, impalpable, indissoluble
et en même temps si intense de l'autre
en nous.
Ainsi il constatait qu'il pouvait
poursuivre avec le plein, le doux
de Gentiane en lui, des dialogues,

des partages aussi profonds et animés
que ceux qu'il vivait directement
avec elle.
Il se sentait plus qu'habité, prolongé.

« Depuis notre première rencontre,
quelques miettes d'étoiles furtivement
ramassées enchantent mon coin
de ciel bleu.
Dans un temps limpide et insaisissable
telle l'eau jaillie d'une source folle, le
long fleuve Amour m'emporte.
Dans ses remous crépitent les braises
rouges de mon désir.
Ouvert au simple bonheur d'exister,
j'ai lâché angoisses et peurs. Les ardeurs

rousses de la vie longtemps enfouies
dans les cendres, explosent plus chantantes,
et se mêlent à tes rires.
Tant d'évidences oubliées sont là, irisées
d'émotions.
La nuit près de toi, j'entre dans la danse
ronde de tes mains, troublé, rêveur,
sauvage, séduit et rebelle. Alors je retiens
mon souffle pour ne pas me disperser.
Je deviens musique quand ma bouche à
ta bouche me fait fermer les yeux au
plaisir d'être. »

Auparavant quand il songeait aux pays
inexplorés, incertains de lui-même, ces
contrées lui semblaient si lointaines, si
étrangères.
Il connaissait enfin le sentiment de se
rencontrer.
Jusqu'alors il avait associé, assimilé
l'amour à un besoin.
Un besoin semblable à la faim de
nourritures affectives préparées
par des attentes, des intentions,
composées de gestes, de regards, et
de sourires.
Il entendait aujourd'hui que l'amour

accueilli sustentait en lui une attente
plus centrale, plus essentielle,
une demande plus archaïque,
plus originelle : l'aspiration à
la plénitude.

« Je ne t'ai pas imaginée, pas espérée, ni
rêvée, ni même inventée, seulement
reconnue cadeau. »

Jean accédait de plus en plus à cette
connaissance intime par la grâce de
laquelle chaque rencontre devient
l'accomplissement d'un accord.
Il savait déjà que les rêves qui
s'étiolent, se froissent, se perdent
ou s'abîment sont comme des étoiles
qui s'éteignent dans les soupirs
de l'univers. Quand chaque
abandon peut devenir une île de
bonheur dans un océan d'incertitudes,
il ne faut pas craindre de
s'y perdre.

« La vie au fond est pleine d'amour. A
donner, à recevoir, à partager. Dans mes
périodes d'abondance je l'offre sans
hésiter, je l'accueille sans réticence, je
l'amplifie avec démesure. Dans mes

jours de doute, je le protège, je l'enserre,
je le capte. Je lui fais mal sans le vouloir
et je sais qu'alors l'amour trop meurtri
s'éloigne de moi. »

Avec Gentiane il entrait à chaque
instant, dans le plaisir immense, inouï
du recevoir, de l'inattendu, du joyeux
ou de l'imprévisible.
« Grâce à toi j'ai retrouvé mes larmes –
Triste ? Ah non ! bien au contraire. Le
bonheur ne saurait rendre triste. Je vis
un état de joyeuseté libérée.
L'émotion d'être, les frémissements, les
sensations et les énergies retrouvées. Le
sentiment d'exister, le trouble, le frisson,
la vie vivante et vibrionnante en
quelque sorte ! »

Ils se perdirent cependant à trop
s'idéaliser.
Ils s'éloignèrent sans le savoir, sans
s'étonner de ne pas se retrouver, un
matin dans la réverbération du regard
de l'autre.

Ils avaient traversé leur amour tels deux météores enflammés qui s'étaient dissous à leur propre contact.

L'amour ne prépare en rien à l'art de déchiffrer et de défricher la solitude. L'expérience de l'exil ne s'apprend jamais. Elle se vit dans sa traversée opaque.

« La beauté était belle
Parce que je la regardais
Sans la prendre
Elle m'a sculpté ses secrets
Par l'intérieur. »

Isidore Dalla Nora

Agnès

Si avec beaucoup d'autres, Jean
effleura le bonheur, avec Agnès
il put jouir souvent de la sensation
de le combler. Mais il ne le sut
que beaucoup plus tard, car
un bonheur exaucé ne revient jamais
sur ses pas.
Ils vécurent près de dix ans ensemble,
accordés, apaisés dans une joyeuseté
de vie rare. Il avait le sentiment
qu'entre ses attentes peuplées de
demandes, de désirs, de besoins ou
d'espérances et les réponses d'Agnès,
se glissait si peu de différence, qu'il
s'engloutissait dans la relation comme
dans un bain moussant, tout chaud et
parfumé.
Il se sentait aussi dans la réciprocité,
en adhérant sans réserve aux désirs et
aux demandes de cette femme si
justement et intensément présente au
quotidien de sa vie. Il esquissait un
geste, émettait une idée, Agnès

complétait ce mouvement amorcé,
terminait la phrase commencée et
pouvait l'amplifier pour le rejoindre
encore et encore.

« Dans le rire de tes yeux je sens battre
ton cœur au rythme long et ample d'une
éternité souveraine.
Mon unique, avec toi je me promène au
milieu des étoiles. Je navigue ébloui
de plaines en montagnes et de plages
en océans.
Je sens du bout des doigts la création
continuelle de la vie. Je ferme les yeux
pour mieux garder ta lumière
au-dedans.
Quand le ciel te touche, il en frissonne
jusqu'à mes reins.
Tu es belle mon île, ma secrète,
ma musique, ondes bleues sur
le silence.
Je suis creusé du désir de toi,
désir d'arche et de fusion quand
le ciel chavire et dénoue tous
les abandons.
Après, bien après, je respire dans
ton odeur les souvenirs et la fougue

de nos embrassements.
Je reste dans la fête des étreintes. »
Avec elle il se sentait en expansion,
sans regrets, sans réticences.

Le bonheur avec elle se transfigurait
en un état d'être, une vibration
ébauchée avant même d'ouvrir
les yeux.
Une ardeur si présente, déjà accordée
dans l'espace ouvert entre éveil
et sommeil.

Dès les premiers mouvements
et clartés du jour, son ventre
appelait sa main, son épaule rejoignait
la veine émouvante du cou, sa cuisse
trouvait cette place unique au nid
de sa hanche, son dos s'ouvrait
au velouté de ses paumes déjà
affamées.

*« Ce n'est pas normal que je sois aussi
bien avec toi. Il doit y avoir trop
d'injustices de par le monde pour
que nous ayons capté, à nous seuls et
pour nous seuls, autant de plaisirs,
autant de joies…*
*— Avec toi, le plein du bon ne s'épuise
jamais, même rassasié, je me remplis
de toi…*
*— Je garde en moi la trace d'instants
précieux, si troublants dans leur
intensité, qu'ils se prolongent dans mon
immensité retrouvée… »*

Ils avaient tenu ainsi des propos
indécents de certitude, des expressions
outrageusement excessives et si vraies
cependant.

Le temps ne se découpait plus en espaces de vie ou en projets, en passé, en présent ou futur, il occupait tout le présent à plein temps.

« *Le seul fait de t'embrasser la main est déjà un miracle échappé à l'implacable vivacité des oublis. J'ai vécu ainsi près de quarante-cinq ans, négligent, en oubliant chaque jour qu'il existait le possible de milliers de gestes indispensables à la vitalité du plaisir. En délaissant des attentions, en ignorant l'incroyable énergie d'un sourire, en dévorant la puissance d'amour d'un regard, ou en maltraitant l'infinie tendresse de tes odeurs, combien de fois ai-je abîmé le cœur d'une rencontre ? Tu me donnes, ma scintillante, la liberté du meilleur de moi... »*

Agnès lui avait révélé, au-delà de la plénitude des émois qu'il accueillait, les chemins subtils de ses orgasmes inépuisables.
Quand elle maintenait sa main ou son

sexe contre son ventre, il sentait lui
parvenir bien au-delà de l'espace de
son corps, mêlées aux battements du
désir, les pulsations infinies de la vie
libérée.
Elle lui offrait le flux tumultueux de
toutes ses sources. Les vagues
emperlées qui inondaient ses cuisses et
la montée sans cesse renouvelée de ses
jaillissements l'émerveillaient.
Il ne se lassait pas d'aimer
sa générosité à s'abandonner
si totalement.
Au début, le liquide d'amour était
clair, fluide à peine irisé.
Ensuite il sourçait plus sirupeux.
Son inondation joyeuse
le remplissait.

« Quand je te reçois, je me sens comblé
des flots mêlés de mes émotions à ceux
de ton abondance.
Je fais le plein de toi. Pour toutes
les années où je ne t'ai pas connue,
pour tout ce temps perdu hors
de toi… »

Un peu plus tard, il devait se rappeler
qu'une relation a besoin de multiples
attentions, de précautions infimes
pour s'installer ainsi dans une
confiance inouïe, pour créer
une telle intimité entre deux êtres,
et leur permettre de se rejoindre
sans s'amoindrir dans un
tel accord…

Quand chacun peut se surprendre à
exister en aimant autant sa liberté que
celle de l'autre, les limites inévitables
de la rencontre s'ouvrent au-delà
même des rêves rêvés et s'amplifient
jusqu'au soleil.

Personne dans son éducation ne l'avait
encore initié à cette forme de confiance.
Personne dans ses expériences de vie
ne lui avait transmis les clés d'un tel
lâcher-prise.

Il faut sans doute avoir tâtonné,
s'être cherché dans plusieurs vies,
pour se rencontrer ainsi aux détours
et aux labyrinthes de deux
existences.

« Suis-je devenue amour pour toi par la
beauté réveillée, par l'enfance réenfantée
dans la femme advenue ?
J'ai navigué longtemps pour dépasser
mes manques sur les ailes d'un songe
obstiné et troublant.
Mes laideurs tels des oiseaux impudiques
ont délaissé l'espace et le temps de celle
que je fus.
Un jour nous étions seuls et
tu m'as souri comme jamais homme
ne le fit.
J'en garde précieuse la trace opaline en moi.
Et déjà je sais qu'un jour je serai
orpheline non pas de toi mais de toutes
tes attentions. »

Ils restèrent ainsi dans cette création
tout le temps de leur rencontre.
Et quand des années plus tard
Jean s'interrogeait, il ne savait
toujours pas qui des deux avait
quitté l'autre.
« La vie, la vie était jalouse de nous,
confia-t-il à un vrai ami.
Elle ne pouvait supporter l'insolence
d'un accord aussi fort.

Nous étions si près parfois de nous évader d'elle… »

Je savais que j'étais entré au paradis par effraction. J'y fus toujours un étranger.

Ne plus se posséder, pour ne plus en
être à se haïr d'amour.

Francesca

Il avait cru proposer son amour et ce n'était que son attachement qu'il avait imposé. Son besoin de la voir, de lui téléphoner, de lui écrire, de déposer sur elle sa présence, son amour et son désir était tel qu'il pesa trop lourd, trop fort, trop vite sur elle.

Dans ses « Je t'aime » l'insistance du « t » était si menaçante, si avide, si prégnante qu'il ne percevait même pas le mouvement de retrait que ces intonations lyriques déclenchaient chez Francesca.

Il ne sentait pas chez elle la fermeture, la clôture, la fuite immobile des yeux, de la bouche, l'enfermement progressif du corps.

Il ne recevait pas son besoin de distance. Il ne l'entendait pas, ne le percevait, ne l'imaginait même pas, tant son propre besoin occupait tout l'espace de la relation.

Les désirs et les pensées de Francesca

s'écoulaient hors d'elle, dans une hémorragie des sens, une anorexie furieuse de l'appétence.

Un refroidissement soudain des gestes, une asphyxie des élans, une anesthésie des sens auraient pourtant dû alerter Jean.
Une lutte sourde, aveugle et impitoyable avait commencé très tôt entre leurs corps à l'insu de leurs âmes. Quelques signaux avaient été émis qu'il n'avait pas entendus, auxquels il n'avait pas prêté attention ou qu'il n'avait pas voulu prendre en compte.
« Je me sens agressée, violentée
par tes je t'aime.
Ils ne me donnent rien, ils me
demandent, ils exigent, ils me prennent
avant même que je puisse m'offrir ou
m'ouvrir au donner… »

Parfois après un refus essuyé, il s'en voulait, il se promettait silencieusement, se jurait même de se montrer plus attentif, plus vigilant, moins harcelant à l'avenir.

Il aurait voulu avoir plus de réticence,
être plus pudique, plus respectueux,
distant et prévenant, à l'attente de
l'autre. Il s'inventait courtois et
distancié mais son corps en sa passion
suzeraine le trahissait chaque fois et le
délogeait de ce rôle d'emprunt.
Il le détournait de la sagesse trop
raisonnable de ses résolutions et
déroutait ses prétentions volontaristes.

Il ne pouvait s'empêcher de laisser
sous chaque oreiller des petits billets,
des enveloppes cachetées dans

les poches des vêtements de Francesca.
Il déposait ce qu'il croyait être des cris
et des preuves d'amour et qu'elle
recevait comme des lamentations,
des reproches déguisés.

*« Ô viens mon amour, viens, ma peau te
dira comme je t'aime. »*

*« Je te sais présente dans chaque instant
de moi... »*

Il lui écrivait, dans l'outrance de son
désir, des phrases enflammées qu'il
parsemait dans les coins les plus
secrets de son appartement, sans
pouvoir entendre qu'elle vivait cette
intrusion indicible comme
insupportable.

Sous la brosse à dents :

« Je t'embrasse tout toi.

*Ton corps telle une musique me rejoint
où que je sois. »*

Sur le miroir de l'entrée :

*« Il faut oser être dans le rêve de l'autre
pour accorder le monde au grand désir
d'aimer. »*

Sur le pare-brise de sa voiture, dans la
boîte à gants.

« Attends-moi, ne m'oublie pas, appelle-

moi… » ou « *Ne m'attends pas, je suis
déjà là!* »

Francesca fondait parfois, se débattait
souvent, froissait la lettre, tournait sur
elle-même, s'éloignait pour respirer un
peu d'air, pour tenter de définir la
bonne distance.

Quand Jean la retrouvait, il la
questionnait du regard, cherchait en
elle la trace de ses désirs, guettait
l'éclat ou l'écho de sa propre
impatience. Son silence se voulait
attente et question et déjà il
emmagasinait de nouveaux billets, de
nouvelles déclarations à déposer.

*« Dans l'or des matins, tu es mon levain…
Ton seul parfum sur une autre
me bouleverse…
Mon amour, il est des instants où la
seule pensée de toi me rend meilleur,
et me remplit d'émois…
Je suis appelé par toi à plus de vie,
à la joie d'être un homme…
Les soirs sans toi, sur mon oreiller,
tapis volant ou tremplin de tous
mes élans, je te rejoins.*

Cette nuit et les autres je vais te
chercher, me lover dans l'intime de toi,
m'accorder aux frémissements
de tes désirs.
Lorsque survient le miracle du partage,
je le reçois flamme, lumière, étoile,
source. Tu me laboures, m'ensemences,
me vendanges et me cueilles dans une
même étreinte…
Mon cœur, je m'applique à connaître ta
joie et j'accours au-devant d'elle avec un
élan que je croyais perdu… »
« Dans mon sommeil je t'étreins encore,
ma main sur ton sexe, ma cuisse dans la
chaleur des tiennes. Je ne veux pas être
raisonnable, je ne veux pas dormir avec
toi seulement quelquefois, quelques nuits
"quand ton temps le permet".
Je veux toutes les nuits.
Mais je ne suis plus dans le tout ou le
rien. Je suis, je me sens dans le lien.
J'ai encore parfois en moi des tentations
de dissolution, de rupture, de partance
et de fuite.
J'aimerais être ton compagnon
à plein temps.
Je sais que tel n'est pas ton désir. Je

résiste à cette tentation mais il se peut
que je finisse par me lasser d'attendre.
Let's see. »

Avant de partir pour toujours, elle lui
laissa un mot, le seul qu'elle lui écrivit.
« Je voulais être ta femme océan, ta
femme île, ta femme oasis, ta femme
présente…
Il y a longtemps, au début de notre
rencontre, tu avais souhaité me délivrer
de toutes les peurs et je t'ai cru. Je n'ai
pu être avec toi qu'une femme orage,
une femme passante qui n'a pas voulu
porter tous les désirs que tu voulais
déposer sur elle.
Aujourd'hui profondément je me
souhaite une immense, une vaste liberté
d'être et aussi the free love. »

- -
Je lui ferai de la main un au-revoir
grave et détendu.
Alors que mon cœur cognera la
chamade de sa détresse.
Je sais, j'ai appris qu'il ne faut pas trop
s'exprimer…
- -

Quand la soie de l'amour se tisse entre deux êtres, ils sont enfin déliés de toutes leurs peurs.

Nora

« *Je l'appelle mon amante rêvée,* devait
révéler Jean, au détour d'une de ses
vies, *car si je l'ai prise dans mes bras,
jamais mes lèvres ne touchèrent les
siennes, jamais le dur de mon sexe ne
rencontra le doux et le soyeux du sien.
Elle m'attendait cependant pour
permettre à mes rêves de se fixer, de
s'imprimer, de s'arrêter ainsi quelques
instants pour échapper aux tourbillons
de ma vie. Elle m'attendait sans
impatience mais avec une conviction,
une évidence si forte que je l'ai su de suite.
Dès que je la vis, son amour lumineux
si libre, griffa puis combla toutes mes
attentes.* »

Nora fut si belle en son temps qu'elle
devint une légende pour les hommes
qui précédèrent la génération de Jean.
La comtesse Nora était la veuve
d'un général après avoir été la fille
d'un feld-maréchal, et par la suite

un de ses fils devint officier supérieur.
C'était une femme de gloire, et Jean
sentit, le premier peut-être de tous
les hommes qui l'aimèrent, les violences
sourdes et l'abandon sans retenue,
la détresse digne, derrière le sourire
éblouissant, la présence divine et,
dessous, des cataclysmes, des séismes
en toutes saisons.

Elle ne se donnait pas, elle donnait à
chacun une part d'amour qui devenait
unique, miraculeusement unique.
Incroyablement généreuse, elle offrait
un état de grâce parfois si éphémère
qu'il effleurait, tel un palpitement,
seulement celui qui le recevait. Jean en
reçut durablement la trace indélébile,
habité par une énergie d'amour,
joyeuse, fidèle au plus secret de lui
à cette femme annoncée.

Au début, il avait cru que seuls ses
propres yeux l'avaient créée, en son
corps de lumière, comme s'il avait été
le seul à savoir sa beauté et plus encore
l'intensité de ses sens.

Il imagina que cette part de vie de
Nora lui revenait.

Comme si lui seul pouvait l'accueillir,
la magnifier sans la perdre.

Les hommes qu'avait connus Nora
s'étaient aventurés à l'éloigner d'elle-
même.
Tous avaient voulu la séparer de son
milieu, de sa forteresse médiévale où
elle vivait depuis vingt ans.

Certains lui avaient fait traverser
des océans, des déserts, des montagnes
pour la dépouiller de son aura
d'inaccessibilité.

D'autres devinrent des héros dont
elle collectionna les photos et
les articles.
Il y en eut un qui se tua, revêtu d'une
de ses robes, pour tenter de la
rejoindre dans une ultime rencontre
de peau à peau.

Nora pouvait aimer plusieurs hommes
en étant fidèle à chacun.
Elle se donnait dans l'entier de la
rencontre, incandescente mais jamais
brûlée à son propre feu.
Les hommes la quittaient craignant
d'être consumés ou de tomber dans
l'inexistence.
Jean sut accueillir tout cela, le temps
d'un silence entre deux battements du
cœur quand se tend le fil du désir si
absurde, si tenace, si poignant d'être
reconnu, aimé et de le mêler à cet
appel si incertain, si tragique, dans sa
fragilité, d'être aimé.

Jean découvrit cette année-là une
tendresse grave et joyeuse, une vivance
ardente et douce.

Ce goût du bon d'aimer à satiété sans
rien retenir, ni enfermer, sans
déposséder l'avenir.
Le bleu de la vie l'enveloppa.
On le trouva très beau, scintillant
et centré.
Il paraissait avoir les mêmes sensations
qu'après une méditation, quand le
plein du divin réunifie, quand le
présent de l'instant jouxte l'éternité.
Par moment cependant, il sentait,
pressentait que l'essentiel de sa vie
pouvait basculer, s'éteindre ou
s'enflammer plus, au seul regard,
à l'odeur, à la présence ou au seul
souvenir de Nora.

Ce qu'il en garda ce furent des
éblouissements, un espace de
lumière si intense, si ensoleillé que
longtemps, longtemps, bien des années
après, il pouvait sentir chaque pore
de sa peau s'ouvrir, s'étirer et rire
de l'intérieur.

« Elle m'emportait dans les étoiles où je
devenais un cristal si limpide, si

rayonnant que j'en revenais chaque fois
allégé, plus ténu aussi… »
Dans les périodes de survivance qui
traversaient sa vie, il alla rechercher
souvent en lui cet éblouissement,
cette qualité d'être unique, réconcilié
avec les formes multiples de la
matière.

Le temps s'immobilisait, et son amour
pour Nora inaltérable, intact ancrait
un passage, le guidait, lui permettait
de rester debout, indestructible, si
dense que l'entour se dissolvait.
Et si quelqu'un se fût étonné de la
constance de Jean pour un amour qui
se donnait seulement dans l'absence,
c'est qu'il n'aurait jamais su combien
la présence d'un être aimé est créée,
recréée par l'énergie divine de
l'amour.
« Je suis tellement empli de vous que
vous ne me manquez pas encore. Après
notre rencontre j'ai rencontré la mer
avec le même saisissement, le même
étonnement, la même jouissance que
lorsque vous m'avez pris dans vos bras.

Cette sensation d'être bousculé, apaisé, enveloppé, caressé, bercé de partout et d'être en même temps dans un hors-temps, un hors-espace indicible. Aujourd'hui je suis en exil de votre regard et ceux qui me voient me trouvent dans le ravissement, car je vous garde en entier.

Quelques brumes encore, quelques palpitations au creux des mains, quelques soupirs qui m'emplissent. J'aime suspendre le temps du désir à l'attente de votre accueil... »

« Je n'ai pas de difficultés pour trouver la distance juste sous la fugacité de nos rencontres. Le souvenir de vous est si changeant qu'il se renouvelle dans chacune de mes sensations, qu'il se recrée au berceau de mes émotions.

Je suis dans l'ignorance de vous, Nora, et vous sens cependant si présente. C'est mon amour qui tente d'apprivoiser le vôtre, qui cherche à se fondre dans sa lumière, à se mêler au même souffle d'air. C'est mon amour qui se cherche et

s'amplifie à l'ouverture du vôtre,
qui se danse dans mon ventre et s'envole
de mes épaules.
Il n'y a pas de lien entre nous, je veux
dire qu'il n'existe pas de relation, plutôt
un ciel étonné singulier avec sa trame et
sa mouvance, aussi loin que porte mon
regard vous êtes là, bienfaisante.
Je n'ai aucune inquiétude de vous,
seulement une immense liberté d'être. »

« Je vous apprends et je me découvre
avec mon seul souvenir de vous.
Votre façon d'être lors de nos rares
rencontres me fait chaque fois vaciller
puis rebondir plus haut, plus clair.
Mes mots se dérobent et débordent entre
sanglots et rires, entre gorge nouée et
cette faim si vive de vos gestes.
Je suis un affamé de votre regard.
Il éveille ou plutôt réveille en moi la
trace d'un pays ancien, enfoui, loin,
dans les origines multiples de ma chair.
Je ne suis pas dans le manque de vous,
peut-être dans le trop-plein. Je vous
embrasse doux… »

Ainsi Jean, plus comblé qu'il ne
l'avouait, laissait-il le rythme de leurs
rencontres à la liberté de Nora.
Ils ne se voyaient qu'en public
mais savaient créer une bulle d'intimité
si dense, si intensément vivante que
les êtres alentour paraissaient en
état d'hibernation.
Les conversations autour se
fossilisaient, les discussions
s'engloutissaient dans le ronron
bétonné des soirées policées.

Un jour Nora refusa de quitter la
forteresse. Quelques milliers
d'hectares de forêts ainsi que des
siècles d'histoire se refermèrent
sur elle.
Les hêtres, les ormes, les chênes et
les pins immenses firent obstacle
à l'irruption des tapages vains.
Elle entra dans le dénuement des
rencontres mais avec des amours
pleines, libérées de l'espoir et de la
crainte.
Car chacun gardait si vivace son
souvenir qu'il n'éprouvait pas le

besoin de le renouveler, de l'actualiser.
Jean aussi resta, enflammé par le seul
souvenir radieux de Nora.

Il ne sut pas qu'il avait dû s'amputer
d'un peu de vie pour rester vivant,
pour ne pas trop souffrir d'être.

« Je ne t'en veux pas de te vouloir toute
à moi car je ne veux pas te perdre
en te gardant… »
Les printemps qui sont l'aube de
toutes les saisons, les printemps ne
furent plus jamais les mêmes.
Jean se réfugia dans l'abondance
torride des étés.
Il nia les hivers et leur immobilité
turbulente. Seuls les automnes
ravivaient son attention pour lui
rappeler la flamme rouge des cheveux
de Nora.
« Je porte votre absence non pas
comme une détresse mais comme un
soleil intérieur qui attend l'heure
de son lever.
En fait, je ne sais si on peut parler
d'absence tellement je vous garde
en moi, tellement je garde votre

empreinte car sans me méfier,
je vous ai serrée très fort dans
mes bras. »

- -

Dans l'attente pleine de l'aimée
s'apaisent les doutes et s'enflamment
les désirs.
- -

Tout se passe comme si l'amour ne
pouvait se contenter de son propre
bonheur.

Jade

Le vide ou le trop-plein du désamour,
en sa morsure tenace, habite le cœur
désespéré de celui ou de celle qui
n'aime plus.

Quand à l'emplacement du cœur
s'ouvre cette béance noire et crevassée
cet abîme froid de la non-présence
du soleil d'amour.

Quand même le souvenir de son éclat,
de sa vibrance n'est plus là pour nous
attendrir, alors des tourments
semblables à ceux de l'enfer occupent
tout l'espace du corps.

Ne plus aimer, après avoir tant et tant
aimé, laisse des traces tenaces.

Ne plus aimer inscrit au plus profond
des impedimenta, des brûlures
cinglantes qui semblent ne jamais
vouloir se cicatriser.

Celui qui a aimé, qui s'est senti
habité, ensoleillé de l'intérieur,
illuminé par la présence de l'autre
en lui.

Celui qui a aimé a été porté,
transporté, transmuté durant des
mois, des années parfois, par les émois
sans cesse renouvelés des sentiments
offerts, reçus, partagés.
Il a été nourri, comblé par l'énergie
inépuisable des sources
de son amour.

L'aimant vibre dans le mouvement,
c'est lui qui officie. Dans le tourbillon
des sentiments, dans la scintillance des
émotions, dans les envols de la
jouissance présente, accessible, offerte,
l'aimant est porteur de tous les possibles.
Et surtout du cadeau de donner,
d'offrir sans retenue, auquel répond le
don merveilleux, accordé de celui qui
accueille chaque geste, chaque regard
et même l'infime d'un soupir.
Le don irrépressible de celui, qui se
sentant si sûr d'aimer, amplifie
chaque rencontre dans le jardin
de l'instant.
Avec Jade il avait connu cette forme
d'amour-là, l'espace d'un été.
Aujourd'hui cette réalité révolue

demeurait en lui semblable à un songe
aux couleurs immobiles.

Malgré les cris à ciel perdu de Jade,
il était sorti du rêve. Quand le plaisir
de l'autre ne nous éveille plus, quand
le jour insipide se cogne à la grisaille
d'une aube déjà désolée, les fausses
interrogations surgissent,
les questions malignes dévorent
l'instant et des molécules de vie

se dissolvent et se perdent à jamais.
Le vide, le sentiment d'être inutile
ou vain semblent plus terrifiants
que l'absence de l'aimée.

Le désamour, sentiment inconnu
jusqu'alors, avait surgi brutalement,
dans l'existence de Jean. Sans
prévenir, tel un océan devenu désert
en une seule nuit, sans même l'espoir
d'une oasis ou d'une simple source.
Et cette douleur imprévisible, qui
pleurait et suintait doucement en lui
longtemps après le dernier je t'aime,
se réveillait sourdement dans chaque
étreinte.
Il avait toujours vécu avec cette
certitude mortelle que les amours sont
périssables, que la graine mortifère du
toujours « plus d'amour » est sans
cesse présente, au cœur même,
au meilleur des amours les plus
flamboyantes.
Mais il ne savait rien du désamour.

Quand l'aimance s'absente avant
même l'entrée en scène de l'indifférence.

Quand l'amertume ne se dissout plus
dans l'abandon.

Au début, les signaux en sont infimes,
éphémères, car le corps encore aveugle
et sourd à son propre cœur prend,
donne, partage du plaisir même
quand celui-ci se rétrécit, se rapetisse,
faiblit, devient plus lointain, plus
distancié.

Et puis l'absence de sentiment si
froide, si persistante, si insensible,
qu'elle en paraît étrangère.

Jean avait déjà vécu le désamour
d'une autre.

Il n'en avait retenu que l'abandon
amer, la fuite, les faux-fuyants
salvateurs, l'absence déchirée et
la violence libératrice.

Le vide inquiétant et mortel du désir
de l'autre lui apparaissait aujourd'hui
moins douloureux que le néant
de son propre désir.

Jamais, jusqu'à ce jour il n'avait
entendu le désamour en lui, car il
gardait pour les femmes aimées, en
dépôt, un oubli hors de l'oubli,
une tendresse bleutée, alanguie qui

restait ouverte sur les élans de
l'imprévisible.

Aujourd'hui il se sentait le cœur rond,
opaque, inabordable, lisse de toute
tentation.
Le désamour, il le savait maintenant,
c'est quand la mémoire nous devance
et que par-devant soi, elle se ferme et
s'obture à jamais aveugle.
Le désamour, c'est la mémoire occluse
qui distille le sentiment tenace de
risquer d'être étouffé par des rêves
imperméables au futur.
Pour se sauver du malheur et échapper
aux aigreurs de la souffrance, Jean
écrivit dans sa solitude féconde.
« *Je vis la détresse d'une tendresse*
absente. Corps brisé, mains ouvertes sur
des nostalgies épuisées, j'éparpille mes
forces et je rencontre des peurs si nouvelles
qu'elles en paraissent plus terribles et
étranges que toutes celles traversées.
J'entre dans le non-savoir pour obéir
aux mystères du non-désir. Je sens mon
étoile incertaine, anxieuse au cœur des
abandons.

*La courtoisie légendaire du temps
succombe à la fatigue et épuise mes
désespoirs.
Je me croyais innocent et sincère.
Seul je suis et rassemble tous mes
courages pour combattre l'aveuglement
des sortilèges. »*

Quand le désir en sa mémoire trop
brûlante décape le présent.

« Un beau soir l'avenir s'appelle
le passé, c'est alors qu'on regarde
sa jeunesse. »

Louis Aragon

Yvane

Il se vivait en instance d'amour, le cœur au bord de l'insondable, le corps en nostalgie, les sens en éveil et les désirs apaisés. Seulement attentif à l'éclosion du soleil aux matins de ses nuits, étonné de l'apparition du ciel bleu et du silence des jours.
Les yeux ébahis, émerveillés ou surpris, de la brillance des étoiles qui ruisselaient au firmament de ses nuits sans sommeil.
Nuits si fertiles, si pleines de lectures si ardentes d'écritures, qu'elles crépitaient joyeusement jusque dans la fraîcheur des aubes. Car si Jean vivait seul en cet automne de sa vie, il occupait à plein temps tout l'espace de son existence.
Yvane accosta aux berges de sa vie après un long périple amoureux, traversé d'une longue succession de printemps et d'hivers, de quêtes et de trop de découvertes.

Après avoir connu plusieurs états amoureux, elle accédait à une qualité nouvelle de l'amour. Elle avait eu le temps d'entendre que sa vie rebelle ne se laisserait pas refaire mais seulement agrandir.

Cet amour s'était avancé à sa rencontre à l'orée d'un matin d'été. Elle s'était sentie accueillie par le premier regard de Jean.
Ce n'est que plus tard cependant qu'elle comprit tout, le sens de cette intensité suspendue, puis détournée par d'autres gestes.
Il en va ainsi des choses importantes qui ne prennent leur pleine signification que dans le temps du manque.
Un peu plus tard elle le reçut à son tour dans l'accord de leur respiration, émue de le sentir si ouvert, si proche.
« T'ai-je déjà connue au plus lointain d'une de mes vies anciennes ?
— Je ne sais », s'étonna-t-il…
Elle avait besoin d'apaisement, de reconnaissance et d'abandon.

« *Ne me demande rien* fut une de ses premières demandes.
Ne me demande rien mais surtout ne me demande pas de demander. Je contiens à moi seule tant d'attentes et de rêves en réserve que je me vis comblée. L'une et l'autre sont ma nourriture, ma raison d'être… Et puis que demander de plus à l'inespéré ? »

Elle entra dans cet amour comme dans un temple ou un palais vers lequel elle se sentait appelée.
Comme dans un sanctuaire auquel aucun de ses rêves ne l'avait pourtant jamais introduite mais qu'elle reconnaissait.
Elle entra dans cet amour silencieusement, religieusement, simplement parce qu'une porte s'ouvrait en elle.
Elle s'étonnait encore quelques années plus tard d'avoir pu accepter si légèrement l'invitation de Jean, elle se rappela surtout le naturel de leur rencontre et de leur découverte. Ce naturel semblait émaner de l'irréalité,

il ne s'encombrait pas de questions ni de jugements, il déployait son élégance sous le drapé de cette simplicité qu'emprunte parfois l'inespéré quand il a l'affable bonté de s'incarner dans l'espace d'un amour humain.

Jusque-là elle s'était réalisée dans des projets concrets, dans ces sortes de projets auxquels les hommes et les femmes de ce monde aspirent depuis leur enfance ou leur adolescence. Mais elle ne savait rien des multiples manières possibles d'écrire la suite de l'histoire qu'aucun conte à ce jour n'a jamais racontée. Elle avait rencontré Jean pour inventer une suite possible au palimpseste de sa vie, une suite possible dans laquelle chacun se reconnaisse et se sente reconnu.

Cet amour avait pour Yvane un goût d'intense et d'essentiel qu'elle humait à pleine odeur. Elle percevait en elle cet ancrage et cet accord qui donnent le sentiment d'être au bon moment et au bon endroit et qui légitiment en un instant

toutes les alternatives explorées
jusque-là, tous les choix et
les renoncements antérieurs.
Cet amour grandissant dont elle se
sentait habitée condensait en un point
de l'univers la satisfaction de ses
valeurs, de ses croyances, de son
aspiration au beau, au bon et au vrai.

réconcilié avec le meilleur de
lui-même, elle lui écrivait quasi
journellement des lettres, qu'il aimait
lire, en sa présence, quand ils prenaient
ensemble leur petit déjeuner.
« J'ai senti que toi, tu n'assassinais pas
mes rêves en voulant les réaliser… J'ai

découvert que tu savais simplement
les stimuler.
J'ai trouvé en ta présence, en ton écoute
et ton regard plus de liberté qu'en
quarante ans de voyages, plus de
tendresse que dans toutes mes amours
réunies... »

« Je ne savais pas qu'aimer, c'était
s'ouvrir, laisser couler, laisser se fondre
tant de possibles soudain rassemblés et
réunis auprès de la respiration d'un
seul être...
Avant de te rencontrer, je me vivais
inconfortable, engoncée dans un rêve
trop grand pour mon cœur.

Un rêve qui débordait de partout et se
blessait aux rugosités de la réalité, aux
pauvretés des rencontres.
Avec toi j'ai su que l'intensité du plaisir
reçu pouvait arrêter le temps. Quand je
te sens désirant, quand je t'entends crier
en me recevant, quand je te vois rire et
sourire c'est chaque fois un peu plus
d'éternité que je reçois.

*Je ne vieillis pas avec toi, je découvre à
quarante-cinq ans, à cinquante, à
cinquante-cinq ans les jeunesses
successives de mon corps. Et j'accède à
cette intemporalité du temps de toi. Ce
temps n'a pas d'âge. Il coule dans la
durée de mes désirs renaissants et dans la
certitude confirmée de me sentir aimée.
Je me dépouille des risques du trop
attendre et du trop recevoir.
J'apprivoise doucement cet état heureux,
je me fais au bonheur avec toi, mon
cadeau de vie !*

*Pendant longtemps j'ai sommeillé dans
l'heureusité nonchalante, bercée d'émois
prévisibles. J'arborais des semblants de
rire, puis j'ai défriché le chagrin, cultivé
l'espoir.*

*Une nuit, j'ai fini par laisser mûrir en
moi les germes du jour où je pourrai
m'attarder au creux d'un cou, dans la
seule caresse d'un regard.
Tout doucement, tout doucement
respirer et exhaler le désir et la joie
d'aimer.*

Déjà je me sentais plus heureuse et légère
à l'évocation de ce rêve.

Aujourd'hui je ne cherche ni à
comprendre ni à expliquer, j'ai trouvé.
Je sais de ce savoir du ressenti et du
cœur. Je me laisse porter et amplifier
par ton accueil.
Hors des contingences de l'urgence, mon
amour grandissant se prolonge en gestes,
en paroles, en regards d'amour portés
sur les êtres et les choses qu'il m'est
donné de connaître sans toi.
Avec toi, je découvre la quiétude des
évidences et des certitudes, intimement
convaincue de leur fragilité foncière et
de leur impermanence.
Au prix des renoncements nécessaires
j'en suis venue à réaliser que l'amour a
beaucoup d'imagination quand il se sait
respecté et honoré.

"Le plus sûr moyen de ne pas céder à la
tentation, c'est d'y succomber", suggérait
Oscar Wilde.
Toute tentation a cessé en moi depuis

que je suis dans le plaisir et le plein
de toi.

Mon père quant à lui dans ses moments
d'abandon disait à sa façon : "Moi je ne
crains pas de retomber en enfance, je
n'en suis jamais sorti, j'y suis toujours
resté ancré dès ma naissance !"

Je n'ai pas peur de tomber en amour, je
suis entré en amour dès le premier jour
de ma vie, aujourd'hui je le sais.
Il me fallait te rencontrer pour
simplement l'agrandir.
Il m'a fallu cependant tout ce temps
pour m'y préparer et accepter
de le recevoir. »

« Aujourd'hui à l'aube d'une journée de
bonheur, je n'hésite plus.
Je sais la douceur et la fluidité de l'air
au lumineux du ciel, le vent qui danse
aux bruits des feuilles. Je découvre la
tendresse des larmes du bonheur.
Les larmes ne disent pas que la douleur,
la tristesse ou la nostalgie.
Elles n'ont pas toujours la sécheresse de

la rage impuissante, le bouillonnement
des chagrins qui remontent de loin.
Elles ne sont pas toujours amères.
Elles disent parfois l'intense de la
plénitude, le bonheur d'une harmonie
qui s'accomplit.
Toujours elles dégagent, dégorgent,
libèrent, lavent, apaisent et même
purifient.
A me réveiller près de toi, en toi, je
souris à la vie et je reçois tout... »

Jean entra ainsi dans le dernier
printemps d'Yvane avec
le pressentiment que cet amour serait
le dernier.
La vie un soir lui donna raison.
Il sut à l'instant du passage que, si
l'homme et la femme sont si souvent
appelés par l'amour, ils ne peuvent en
épuiser ni les sources, ni les rivières
quand devenu fleuve il s'invente Océan.
Ce fut l'approche d'un vaste pays
lointain.
La lumière rosée de ces fins de journée
d'été déposée en offrande à l'horizon
du soir.

La transparence du passé qui au
travers d'un regard aimé s'estompe
à jamais.
La clarté apaisée d'un présent serein,
ancré à ses amarres.
Ce fut le rêve et la réalité de tous
ces pays de l'amour traversés
pour parvenir au seuil d'un amour
enfin inaltérable.

« Sois sage, ô ma douleur, et tiens-toi
plus tranquille. »

Baudelaire

Dans le grand livre
de la vie
il y a seulement
quelques pages, feuilletées
allégrement par le temps
désinvolte.
Pour le passé la plus lourde,
la plus dense.
Tout s'y joue, disent certains.
Pour l'amour la plus ombreuse
et la plus lumineuse.
Et une grande page généreuse
de couleurs y est réservée
pour les rencontres
avec la beauté.
Et un feuillet laissé vierge
pour la liberté et la créativité.
La dernière si mince
et si intense pourtant,
pour tous les rendez-vous
avec l'éphémère
et l'imprévisible.

« Là où un homme et une femme
se sont rencontrés et se sont
reconnus, l'éternité est prise
comme une bulle d'air dans
un ambre. »

Christiane Singer

Table

Du même auteur

Aux éditions Albin Michel :

Papa, Maman, écoutez-moi vraiment. À l'écoute des langages du corps et de l'imaginaire chez nos enfants, 1989.

Je m'appelle toi, roman, 1990.

T'es toi quand tu parles. Jalons pour une grammaire relationnelle, 1991.

Bonjour tendresse. Une pensée par jour, 1992.

Contes à guérir, contes à grandir. Une approche symbolique à l'écoute des maux, 1993.

L'Enfant Bouddha (illustrations de Cosey). Retrouver l'enfance d'un maître, 1993.

Heureux qui communique. Pour oser se dire et être entendu, 1993.

Tarot relationnel. Communiquer en jouant, plutôt que jouer à communiquer, 1994.

Paroles d'amour, poésies, 1995.

Charte de vie relationnelle. Pour communiquer à l'école, 1995.

Communiquer pour vivre. La sève de la vie, 1995.

C'est comme ça, ne discute pas ! ou les 36 000 façons de (ne pas) communiquer avec son enfant, 1996.

En amour… l'avenir vient de loin. Poétique amoureuse, 1996.

Pour ne plus vivre sur la planète TAIRE. Apprendre à communiquer avec la méthode ESPERE, 1997.

Éloge du couple, 1998.

Chez d'autres éditeurs :

Supervision et formation de l'éducateur spécialisé, éd. Privat, 1972 (épuisé).

Parle-moi… j'ai des choses à te dire. Vivre en couple, éd. de l'Homme, 1982.

Les Mémoires de l'oubli (en collaboration avec Sylvie Galland). À l'écoute de son histoire, éd. Jouvence, 1989.

Si je m'écoutais… je m'entendrais. Vivre avec soi-même (en collaboration avec Sylvie Galland), éd. de l'Homme, 1990.

Aimer et se le dire. La vie sexuelle entre plaisirs et doutes (en collaboration avec Sylvie Galland), éd. de l'Homme, 1993.

Je t'appelle tendresse. Poétique relationnelle, éd. L'Espace Bleu, 1984.

Relation d'aide et formation à l'entretien. Une formation à la relation d'accompagnement, Presses Universitaires de Lille, 1987.

Apprivoiser la tendresse. Vivre la tendresse à plein temps, éd. Jouvence, 1988.

Jamais seuls ensemble. De la rencontre amoureuse à la relation de couple, éd. de l'Homme, 1995.

La composition de cet ouvrage
a été réalisée par I.G.S. Charente Photogravure,
à l'Isle-d'Espagnac,
l'impression et le brochage ont été effectués
sur presse Cameron dans les ateliers
*de **Bussière Camedan Imprimeries***
à Saint-Amand-Montrond (Cher),
pour le compte des Éditions Albin Michel.

Achevé d'imprimer en juillet 1998.
N° d'édition : 17609. N° d'impression : 983569/1.
Dépôt légal : septembre 1998.